艺术体育
高校学术研究论著丛刊

基于素质教育视角的高校体育教学改革与发展探索

李建春 著

中国书籍出版社

图书在版编目 (CIP) 数据

基于素质教育视角的高校体育教学改革与发展探索 / 李建春著 . -- 北京 : 中国书籍出版社 , 2021.3

ISBN 978-7-5068-8386-3

Ⅰ . ①基… Ⅱ . ①李… Ⅲ . ①体育教学 - 教学改革 - 研究 - 高等学校 Ⅳ . ① G807.4

中国版本图书馆 CIP 数据核字（2021）第 045875 号

基于素质教育视角的高校体育教学改革与发展探索

李建春　著

丛书策划　谭　鹏　武　斌

责任编辑　李国永

责任印制　孙马飞　马　芝

封面设计　东方美迪

出版发行　中国书籍出版社

地　　址　北京市丰台区三路居路 97 号 (邮编：100073)

电　　话　（010）52257143（总编室）　（010）52257140（发行部）

电子邮箱　eo@chinabp.com.cn

经　　销　全国新华书店

印　　厂　三河市德贤弘印务有限公司

开　　本　710 毫米 ×1000 毫米　1/16

字　　数　210 千字

印　　张　14.75

版　　次　2022 年 1 月第 1 版

印　　次　2022 年 1 月第 1 次印刷

书　　号　ISBN 978-7-5068-8386-3

定　　价　76.00 元

目　录

第一章　素质教育概述及发展背景

很长一段时间以来我国一直实行的是“应试教育”，这一教育方式在一定时期内起到了应有的作用。但随着时代的变化与发展，这一教育方式逐渐呈现出一定的弊端，阻碍着我国学校教育的发展。在这样的背景下，“素质教育”呼之欲出。与“应试教育”的“狭隘性”不同，素质教育着眼于受教育者及社会的长远发展，重视受教育者综合素质及能力的全面发展，属于符合时代发展现代教育要求的一个教育理念，在当今学校教育背景下值得提倡与推广。

第一节　素质教育提出的社会背景

素质教育的提出是有着一定的历史与社会背景的，这一理念的提出符合当今学校教育发展的要求，对于我国学校体育教育的发展也具有非常重要的意义和作用。

一、我国社会主义现代化建设的要求

为实现我国社会主义现代化建设的要求，我国发展的重点一直都是以经济建设为中心。生产力是发展经济的根本要素，而人是影响生产力最重要的因素，数量足、素质优良、结构合理的人才是发展生产力的基础与前提，因此国民素质教育问题越来越成为决定中国社会发展前途和命运的关键因素。培养人是教育的本

质。教育是一个培养人的事业,要承担更好促进人素质发展的历史使命。在这样的社会背景下,广大教育工作者及社会各界人士围绕提高民族素质进行了深入的理性思索和实践探求。而以提高人的素质为目的的素质教育一经提出,就受到社会各界人士的广泛关注。

在当今社会背景下,世界各国之间的竞争愈演愈烈,这些竞争延伸到社会的各个层面,如教育发展、科技进步和知识创新等,这些都对一个国家的综合国力和国际竞争力产生着极为重要的影响,而教育发展则是其中一个最为重要的因素,因为学校教育在国家发展的过程中占据着基础性地位,对国家及社会的各个层面都会产生极为重要的影响,因此加强素质教育义不容辞。

二、当今学校教育改革的推动

在当今时代背景下,我们可以从两个方面来看待素质教育的改革与实施。从教育提供者的角度来看,素质教育就是使更多的人接受更好的教育;从受教育者的角度来看,素质教育就是德、智、体、美等方面的全面发展,能够有效培养与提高受教育者的社会适应能力、实践能力、创新能力和创业能力。①

伴随着时代的不断发展,世界各国都非常重视学校教育,纷纷加强了学校教育的改革,改革的目标主要确立为追求教育民主、追求高质量的教育、提高受教育者的素质和能力。发展到现在,世界教育逐渐向着终身化、民主化、个性化、信息化和国际化方向发展。在这样的国际环境下,我国有关人士开始总结与反省我国教育的成功经验与失败教训,根据教育发展的现实需要,我国应参考和借鉴国外教育改革的经验,然后结合我国学校教育的实际走出一条富有中国特色的学校教育发展之路。

总之,素质教育在我国的提出是受国内国际社会环境影响的

① 葛升平,都维刚.基于素质教育项目对大学生综合创新能力培养的探讨[J].价值工程,2018(03):292-293.

结果，而且这一新思想逐渐受到了社会各界的关注，最终发展成为我国教育改革的重要主导思想，对我国学校教育的改革与创新具有非常重要的指导意义。可以说，素质教育非常符合当今学校教育发展的要求，值得大力提倡和推广。

三、"应试教育"背景下教育的发展与推动

很长一段时间以来，我国就非常提倡德、智、体、美、劳的全面发展，这一做法与素质教育的理念不谋而合，有着异曲同工之妙。但在具体的实践教学中，这一理念却没有真正得到贯彻与实施，"应试教育"始终存在于体育教学之中。这主要表现在两方面，一方面教师只重视对"优秀学生"的培养，不重视占比最多的普通学生；另一方面是在培养"优秀学生"时只重视智育，不重视其他教育。这一现状对于我国体育教育的发展产生了不良的影响。

针对"应试教育"存在的各种弊端，素质教育这一理念得以提出和发展。素质教育这一理念主张树立全新的教育思想，加强教育改革，促进学生各方面素质的全面发展。随着素质教育研究工作的不断开展，人们对素质教育的认识也越来越全面、科学、深入。素质教育最终突破基础教育领域，逐渐延伸到各阶段、各类型的教育领域之中，发挥着越来越重要的作用。

第二节　素质教育的概念与特征

一、素质教育的概念

素质教育是以提高民族素质为宗旨的教育。它是依据《教育法》规定的国家教育方针，着眼于受教育者及社会长远发展的要求，以面向全体学生、全面提高学生的基本素质为根本宗旨，以注重培养受教育者的态度、能力，促进他们在德、智、体等方面生动、

活泼、主动地发展为基本特征的教育。[①]

二、素质教育的特征

总的来看，素质教育主要体现出以下几个基本特征。

（一）基础性特征

基础性是素质教育的一个非常重要的特性，这一特性主要体现在，素质教育不是直接出人才而是为未来人才的成长奠定基础的教育，其含义主要包括以下两个方面。

一方面，在素质教育中，学生的素质是做人的基础，学生的素质发展要放在显著的位置。

另一方面，个人的素质对于整个民族素质的提升而言具有非常重要的意义，因此要高度重视起来。

（二）主体性特征

素质教育还具有重要的主体性特征，这一主体性是指在素质教育中要对学生的主体意识和主动精神充分尊重，并注重培养学生的主体意识，完善学生的个性。学生学习的过程是其主动获取和发展的过程，而不是被动灌输的过程。很长一段时间以来，体育教师在教学中都忽略了学生主体作用的发挥。而素质教育则十分强调学生主体作用的发挥，尊重学生的个性，对于学生的个性化发展具有非常重要的意义。

（三）全面性特征

在素质教育理念下，素质教育要坚持面向全体学生，为学生的全面发展创造良好的环境与优质的条件。面向全体学生和学生全面发展是实施素质教育必须坚持的“两全”方针。素质教育

---

① 张丽荣．体育教学的价值回归探索[M]．北京：中国纺织出版社，2017：86-98.

的根本宗旨是提高国民素质，目标是促进每个人的发展，使每名学生都具备建设社会主义现代化的基本素质，这样才有利于实现中华民族的伟大复兴。

素质教育的全面性集中表现为以下两个方面：

一方面，素质教育要求所有学生的素质都得到全面的发展。另一方面，素质教育要求每个学生各方面素质都得到进一步的发展和提升。

（四）创新性特征

素质教育还具有重要的创新性特征。学校教育对一个国家及社会的发展具有非常重要的意义。可以说，教育服务于经济建设，服务于国家的现代化建设，因此教育必须超前发展，根据未来社会的发展趋势以及对人才素质的要求，调整教学计划，科学设置课程，采用相应的教学内容和教学方法，培养学生的各方面素质，特别是培养学生的适应能力和创造能力。素质教育不仅注重学生当前的发展，还非常关注学生的未来发展，要求学生必须具备出色的开拓创新意识及创新能力，而这些能力的培养和提高都离不开创新的素质教育。因此，素质教育理应受到高度重视。

在创新的素质教育背景下，体育教学活动要严格遵循体育教育的特点及学生身心发展的规律，高质量地完成教学活动。而在课余活动中还应充分发挥学生的个性，培养学生的特长。创新性的教育教学活动要坚持理论联系实际的根本教学原则，使教学内容符合社会生活现实及学生的实际情况，引导学生学习研究发明创造的规律和创造方法，不断培养和提升学生的创新意识与能力，在这样的背景下，学生才能获得全面的发展。

第三节　素质教育的实质

与应试教育不同，素质教育是符合现代学校教育特征的一个重要的教育理念，这一教育理念的提出对于我国学校体育教育的发展具有深远的影响和意义。

一、素质教育以提高整个民族素质为根本宗旨

伴随着时代的发展和进步，我国学校教育进行了大量的改革。素质教育就是一个非常重要的方面。素质教育的提出主要是针对我国长久存在的应试教育。最初的素质教育实践基本上都是针对中小学的应试教育而言的。所以，很多人狭隘地认为只在中小学教育中实施素质教育即可，基础教育阶段是实施素质教育工作的重点。素质教育就是要将群体（指国民群体）素质转化为个体（指公民个体）素质，并通过个体素质的完善来促进整个群体素质的提高。素质教育的实施应落实到各级各类教育之中，只有如此才能促进我国各级学校学生的全面发展，这样才能为我国社会主义现代化建设培养出大量的高素质人才。

二、素质教育面向全体学生，注重学生创新意识的培养

对于任何国家来说，教育都发挥着至关重要的作用。因此，加强学校教育的发展对于一个国家的未来发展具有深远的影响和意义。知识创新、传播和应用的主要基地就是教育，培育创新精神和创新人才的重要摇篮也是教育。面向全体学生，培养学生的创新意识就是素质教育的重点所在。

受历史、传统等方面因素的影响，我国的传统教育强调以知识的传授，强调知识的记忆、模仿和重复练习，考试方法也比较单

一。这一种做法严重影响着学生创新意识的培养。素质教育就是要转变这种传统的教育观念,重视发展学生的个性、特长和爱好,精简教育内容,因材施教,重视综合实践训练,对考试制度和评分标准进行大力的改革,能很好地促进学生创新意识与能力的发展与提高。

社会要想获得不断的发展,离不开创新。创新能力可以说是一种人格特征,是人们积极改变自己并努力改变环境的应变能力,其既包括智力因素,又包括非智力因素。素质教育的实质,就是把教育教学从以培养和发展学生的注意力、记忆力、观察力、思维力等智力因素为中心,转到在发展智力因素的同时,注重对学生的非智力因素(动机、兴趣、爱好、性格、情感、意志等)进行培养,在这样的条件下,学生的创新意识与能力才能得到有效的培养和提高,学生的各方面素质才能获得进一步的发展。

三、素质教育注重学生的全面发展

伴随着学校教育的不断发展,其教育目标也发生了一定的变化,以往只重视文化教育的情况得到了扭转。在当今社会背景下,不仅要抓好智育,更要重视德育、体育、美育、社会实践等方面的发展。也就是说,各级各类教育在实施素质教育的过程中都有自己特定的目标和任务,把德育、智育、体育、美育等有机统一于教育活动的各个环节中,使各方面教育相互渗透、协调发展,成为一个整体,这是所有学校都应承担的一项重要责任。在未来的发展中,我国各级各类学校教育之间要相互衔接、整体推进,为学生的健康发展创造一个良好的环境。

四、素质教育强调学生的终身教育与发展

素质教育非常强调学生的终身教育与发展,这是素质教育的一个重要特性。素质教育是终身教育的基础。终身教育是人们

在一生各阶段所接受的各种教育的总和，是人所接受不同类型教育的统一综合。包括教育体系的各个阶段和各种方式，既有学校教育，又有社会教育；既有正规教育，也有非正规教育。终身教育的目的是适应社会经济发展的需要，提高未来社会对人的需求。终身教育的主要目标是促进全民族素质的发展和提高，促进个人发展与社会进步的和谐统一，在这样的背景下，我国的社会主义现代化建设的目标才能尽快实现，中华民族的伟大复兴也才能早日实现。

第四节　素质教育与学校体育教学的关系

一、体育教学在素质教育中的地位

（一）体育教育是素质教育的构成部分

20 世纪 80 年代，素质教育理念开始出现并获得进一步的发展。与以往的“应试教育”注重文化教育和升学率不同，素质教育主要针对的是学生的身心、思想、能力等各方面的发展，对于个人的长远发展具有非常重要的意义。伴随着学校教育的不断发展，教育教学进行了大量的改革，这一改革也是伴随着素质教育理念的推进进行的，体育素质教育也逐渐受到人们的广泛关注。

在学校体育教育中，各门课程的设置要针对学生的特点和发展规律而定。但是在具体的体育教学实践中，有很多体育教师没有深刻认识到体育课的价值与内涵，体育课的价值没有被充分发掘出来。而在素质教育背景下，体育教育逐渐地被人们关注到，体育课程随之被纳入素质教育框架，将体育教育面向全体学生，在实现学生体质提升的同时，实现体育教育的最终目的，将素质理念贯彻落实到日常教学中，实现学生的全面成长。①

① 苏飞宇，李祖平．体育教育在素质教育中的地位分析 [J]. 文体用品与科技，2020（23）：164-165.

（二）体育教育是素质教育实施的载体

素质教育的开展需要借助于一定的外力，而体育课程就是这样一个良好的载体。因此加强体育课程的建设是非常重要的。通过体育课程的建设与发展，学生有了充足的参加体育锻炼的机会，不仅增强了体质，而且培养了终身体育的意识和能力。在具体的体育锻炼过程中，学生要坚持持续的锻炼，不能荒废。需要注意的是，有时候体育教育会面临一定的困境，学生的素质在某个阶段很难得到有效的提升，这时就需要采取有针对性的措施和手段。因此，体育课程作为素质教育实施的有效载体，需要引起学校教育部门的高度重视。

（三）体育教育为素质教育提供了动力

体育教育具有显著的价值与功能，学生通过参加各种各样的体育活动，在提升自身体质的同时，心理素质也能得到有效的锻炼。这就为素质教育的推行提供了良好的条件。人们常说，身体是革命的本钱，对于学生来说，拥有健康的体魄，则是开展一切活动的基础。体育教育作为素质教育实施的重要内容，学校有效地组织体育教学活动，能够为素质教育理念的落实提供动力。

二、在体育教学中进行素质教育的意义

（一）促进学生的全面发展

大量的事实表明，人的全面发展与社会的发展呈辩证统一的关系。社会的发展包含人的全面发展，且对人的全面发展有一定的制约作用，人的全面发展又为社会的发展提供积极的主体条件，促进社会的发展。很长一段时间以来，我国的教育观念、教育内容与教育模式等的发展相对于人的全面发展需要而言是非常滞后的。因此，要转变教育观念和人才观念，不断地进行教育创

新，以符合社会发展的需要。

素质教育具有一定的先进性，它摒弃“一刀切”式的教育方式，主张因材施教，让学生积极发展，让所有学生都达到适合自己的最佳水平。素质教育的价值与意义主要表现在以下几个方面：

（1）素质教育理念的贯彻与实施，有助于消除“应试教育”的危害，使学生生动活泼地发展，促进教育质量的提高；

（2）素质教育与全面发展之间有着密切的关系。全面发展要落实到个人素质的全面提高上，只有这样，才会实现真正意义上的全面发展；

（3）素质教育理念的贯彻与实施有助于丰富我国教育目的的内涵；

（4）素质教育具有一定的先进性，符合当今社会教育改革的趋势。

（二）提高民族整体素质和民族创新能力

民族素质是指一个民族和国家的人民的基本品质，思想道德素质和科学文化素质是民族素质的主要内容。而民族创新能力则是民族素质的集中体现。要想提升整个民族的凝聚力和综合素质，加强民族的创新能力的培养和提高是非常重要的。

在2018年全国教育大会上，习近平总书记首次将劳动教育与德育、智育、体育、美育并列，指出“要努力构建德智体美劳全面培养的教育体系，形成更高水平的人才培养体系”。中共中央、国务院《关于深化教育教学改革全面提高义务教育质量的意见》提出“坚持‘五育’并举，全面发展素质教育”。由此可见，党和国家领导人高度重视素质教育的发展。因此，实施素质教育不仅是促进专门人才和创新人才健康成长的必然要求，也是对高素质劳动者进行培养的必然要求。

（三）建立我国“人才高地”

我国是一个人口大国，有着丰富的人力资源。但却存在着人力资源结构不平衡的现象,人才资源结构也不协调,中高层次人才占的比例非常小。改善这一种状况的根本在于培养具有创新能力的各方面的人才。这对于我国社会的发展和进步具有非常重要的意义。

大量的实践与事实表明,培养创新人才一个非常重要的途径就是教育。但是,仅仅为知识而教育或为"应试"而教育是我国传统教育的致命弱点,传统教育往往忽视学生的创新思维,甚至把培养学生的创新力看作不务正业。由此可见,传统教育已难以使现代社会和现代个体发展的需要得到满足,因此,必须实施素质教育,培养学生的创新意识与能力。

第五节　当前我国素质教育存在的问题

一、教育观念方面的问题

(一)受传统文化影响较大

我国有着悠久的历史,在长期的发展中形成了固有的文化传统,受此影响,我国在全面推进素质教育的过程中遇到了很多障碍或困难。我国传统文化历来就非常重视学校教育,传统教育思想中既有积极因素,又有消极成分。望子成龙、"学而优则仕""万般皆下品、唯有读书高"等典型的传统教育观在很大程度上影响了人们的思想与生活。传统教育观深入人心,素质教育很难渗透到人们的生活中。有些家长甚至认为孩子只要考上好大学就行,考的分数越高越好,至于孩子学什么则显得并不重要。这一种情况在当今社会是普遍存在的。

(二)对素质教育精神的理解不透彻

伴随着现代教育的不断发展,素质教育的理念也日益深入人心。但需要注意的是，目前我国仍有一部分教育工作者没有充分理解素质教育的精神。导致这一情况的原因主要有以下几个方面：

（1）缺乏对人的素质、素质教育的内涵及素质教育与教育行为的关系的理解；

（2）缺乏对推进素质教育的必要性的深入认识；

（3）缺乏对时代发展趋势及素质教育与国家命运关系的认识。

受以上几个方面的影响，有一部分教育工作者在教育价值观、教育质量观和人才培养观等方面存在着一定的问题。这需要今后大力宣传与推广素质教育的理念。

（三）地方领导思想认识不到位

在某些学校中，存在着学校领导对素质教育认识不到位的现象，有很多领导将教育当作“政绩工程”来管理，对教育并不是真正重视与支持，这一种情况不容乐观。

实际上，当前我国学校教育存在的“教育观念落后，思想认识不到位”等问题是有深厚历史渊源的。这一思想观念对人的影响非常大，一旦形成短时间内就很难发生改变。因此，更新观念是推进素质教育、促进人全面发展需要克服的第一道壁垒。思想观念虽然比较稳定坚固，但也可以改变，社会环境的变化及人们认识水平的提高会导致思想观念的变化，所以说错误的或有偏差的思想观念是可以得到纠正的。

与发达国家相比，我国的社会生产力水平还处于一个落后的局面，其中就业压力大是一个非常重大的问题。在当今社会背景下，有限的教育资源与人民群众对教育的多需求形成了尖锐的矛盾，特别是高考“指挥棒”的导向作用造成了人们教育观或思想的偏差。另外，宣传部门特别是各种媒体还未全面宣传素质教育，这对于素质教育理念的贯彻与落实是十分不利的。

二、教育系统体制方面的问题

（一）教育体系障碍

发展到现在，终身教育理念在我国教育系统中得到了广泛的传播与发展。在这一理念下，我国教育体系应赋予人们对教育进行自由选择的权利，如上学时间、地点，学校的性质、类型，学习方式与学习速度等都由人们自由选择。在一个区域内，可对区域教育体系进行建立并不断健全，从而在本区域推进素质教育。①

合理的教育结构是教育体系的核心，一般来说主要体现在以下几个方面：

第一，教育层次、结构等与特定社会的经济、人口、技术、就业、人才等结构相匹配；

第二，教育结构要素之间相互联系、相互推进；

第三，教育资源能得到高效、合理的配置。

需要注意的是，在我国教育结构中，职业教育相对来说存在着不少问题。

第一，职业教育水平较低，学生学习水平不高，自身素质难以获得大的提高。

第二，职业教育的就业渠道不畅通，任人唯亲、盲目追求高学历。

第三，职业教育促使高中和高校的升学竞争大大提高。

（二）投资体制障碍

当前，我国基础教育经费短缺的问题与投资保障体制不完善直接有关，学校领导为钱所困，对素质教育无暇顾及。领导为钱而忙碌，对教育教学本身的关注就淡化了。教育经费投入不足是

① 张立志，胡敏兰．对大学生素质教育问题的几点思考[J].吉林师范大学学报，2011（05）：94-96.

当前制约我国素质教育全面推进的主要因素之一，学校系统工作的运转也因此而受到影响。

具体来说，目前存在的投资体制障碍主要体现在以下几个方面：

（1）农村教师收入普遍偏低，加上工作负担过重，对教师队伍的稳定及教学质量的提高直接造成了影响；

（2）学校缺少公用经费，政府拨付的经费有限，学生的学杂费成为学校运行所需必要经费的主要来源；

（3）学校设施维修经费、教师培训与科研经费、学生活动经费等使学校领导倍感压力，在这样的情况下，学校体育教育各项工作难以顺利地进行。

（三）管理体制障碍

调查发现，当前我国的素质教育存在着“管理体制障碍”的问题。这一问题主要体现在“谁来管”“管什么”“如何管”等方面。例如，总体上而言“以县为主”的管理体制是正确的，但实践中却存在“一刀切”的不良问题。“以县为主”的管理体制便成了“以县为主”的投资体制，投入和管理混淆。[①]

在贫困地区，“以县为主”意味着“用最薄弱的政府来承担最沉重的教育负担”。不仅是贫困地区，较为发达的地区也普遍无法兑现生均公用经费，而且政府挪用教育专款的问题始终没有根除。这严重影响着素质教育的改革与发展。因此加强管理体制的改革势在必行。

（四）评价体制障碍

1. 高考“指挥棒”的影响

高考这一体制对于我国学校教育产生了极为重要的影响，受此影响，我国的学校教育对高中、初中甚至小学、幼儿园的辐射或

① 郭通通，周万辉．论素质教育视域下武术教育的作用[J]．武术研究，2016（11）：75-77.

导引作用都非常明显。

关于减轻中小学升学压力和高考制度的改革问题，出现了以下两种具有代表性的意见：

第一，必须对高考内容和形式进行改革。考试内容应符合素质教育的要求，淡化考试的选拔功能，突出考试的造就功能，主要对学生掌握基本知识和基本技能的情况加以了解，不要一味以“偏、难、繁”为标准来衡量考试内容的水平；考试方式不要太死，不要用一张考卷决定学生的命运，可以结合面试来选拔，也可以将国家统一考试与各高校自主考试结合起来进行选拔等。

第二，实行高考社会化，使高考与中小学教育脱钩，中小学教育应与素质教育的要求相符，注重合格率，淡化升学率，不要把升学率作为评价学校和教师等的唯一指标。要综合利用各种评价手段，制定多样化的评价指标，保证体育教学评价的科学性和合理性。

2. 日常教育教学评价体系不健全

在当今学校教育背景下，有很多学校还未建立和形成一个完善的教学评价体系，这对于学校教育的发展是非常不利的。有些地方教育部门制定了符合本地教育教学特征的教育教学评价标准，但国家还没有在总体上科学指导各地教育教学评价标准、评价内容、评价方式的制定。在素质教育和新课程的推进中，科学的评价体系也应不断完善。

3. 社会对教育的评价与教育部门对教育的评价是一对矛盾

目前，我国教育部门和非教育部门在教育问题上存在不同的意见。关于全面发展对学生未来发展的重要性，教育部门已有了认识，并对培养学生的综合素质和创新能力比较关注。但非教育部门仍然以升学率作为唯一的评价标准，这非常不利于我国学校体育教育的发展。因此这一方面需要今后大力改革与发展。

三、素质教育建设的环境问题

推进素质教育离不开社会的认同和正确评价，同时良好的社会环境也是推进素质教育的基础保障。当前，影响我国素质教育推进的社会环境因素主要有以下几个方面。

（一）社会大环境问题

当前，我国很多学校中存在着不良社会风气、社会腐败现象，再加上媒体对高考状元的造势等，在这样的社会大环境下，素质教育难以得到很好的宣传与推广。

（二）家庭环境问题

实际上，我国绝大部分的家庭都非常重视子女的教育问题。但有些家长虽然望子成龙，却忽视了自身榜样的作用和教育方式的科学选用，如家长有不良习惯或嗜好，无法起到好的表率作用；离异家庭或留守家庭的孩子出现了很多问题。[①] 在这样的家庭氛围下，推行素质教育存在着较大的困难。

（三）学校的工作环境问题

目前，我国有很多学校的工作环境存在一定的问题。有很多学校，学校职能部门没有大力支持学校工作，权力部门化或个人化的现象导致工作冲突。有些职能部门向学校乱收费、乱罚款。学校的安全责任不明确，不利于各项工作的顺利开展。

（四）学校周边环境问题

据调查，我国很多学校周边都存在着各种形式的商业活动，如网吧、游戏厅等，这些场所在一定程度上对学生造成了一定的

① 王才船．素质教育理念在高校武术教学改革中的考量[J]. 当代体育科技，2016（04）：28-29.

负面影响，不利于素质教育的推进。

（五）市场经济环境

在当前市场经济大环境中，“产业”是义务教育以外的问题，但学校教育经费不足使一些校领导将主要工作精力放在争取社会资助和经济创收上，因此教育目标的真正实现受到了严重的影响。

四、其他方面的问题

发展到现在，我国的人才标准、用人制度、就业渠道对素质教育的推进造成了一定程度的制约和影响，这主要表现在以下几个方面：

（1）各行业缺乏对人才标准的正确定位，唯高学历是准；

（2）就业岗位与需求没有预测性和计划性；

（3）经济、产业和劳动力市场与教育脱节，使就业渠道受阻，并造成学校之间的恶性升学竞争。

综上所述，我国要想实现素质教育的目标，单单依靠教育系统是无法实现的，这需要协调社会各界力量，共同构建一个健全的素质教育运行机制，创建一个优良的素质教育环境，这样才有助于素质教育的实现。

第二章　我国高校体育教学改革与发展的现状分析

为跟上时代发展的形势,高校体育教学必须要结合学校教育发展的实际不断地加强改革与发展。体育教学在改革与发展中势必会受到各方面因素的影响,面临着一定的阻力,分析这些因素,厘清当前体育教学的现状对于我国高校体育教学的发展都具有非常重要的意义。

第一节　我国高校体育教学改革的现状

为厘清我国高校体育教学改革的现状,我们可以从教学目标、教学组织、教学内容、教学方法、教学评价等几个方面进行分析。

一、体育教学目标方面

体育教学目标对于体育教学质量的提高具有重要的意义,一切教学活动的开展都要以体育教学目标为依据进行,由此可见体育教学目标的重要性。体育教学目标是指以体育教学目的为依据而提出的预期成果。阶段性成果和最终成果是这个预期成果的两个类型,前者对应的是体育教学阶段目标;后者对应的是体育教学总目标,这是阶段目标和阶段成果的总和。体育教学总目标的完成是体育教学目的实现的主要标志。

伴随着学校教育改革的进行，我国也制定了新的课程标准。新课程标准将体育教学的领域目标确立为五个方面，分别是运动参与、运动技能、身体健康、心理健康、社会适应，这五个方面对学生知识、技能的掌握，学生身体、心理、社会适应等能力的培养给予了全面的关注与重视。

调查发现，把“掌握体育锻炼方法，树立终身体育意识”视为体育课程首要目标的体育教师占82.5%，这表明体育教师尤为重视学生掌握体育锻炼方法的实际情况，目的是保证学生在未来的锻炼达到科学性要求，并且逐步形成终身体育锻炼的优良习惯。选择“调节情绪，培养积极乐观的生活态度”这一目标的教师有70.8%，这说明体育教师对学生的心理健康比较关注，希望通过体育教学实现心理健康目标。选择“掌握体育卫生知识，树立健康第一思想”这一目标的体育教师有60.0%，可见大多数体育教师认为学生养成健康的生活方式习惯、树立健康价值观是非常重要的。重视“培养学生协作精神”这一目标的体育教师有56.7%，这说明体育教师对学生社会适应能力的培养和提高是比较重视的。选择“掌握运动技能，提高技术水平”的教师有30.0%，这表明体育教师针对体育教学目标形成的认识正在朝着多元化和深入化的方向发展。伴随着时代的发展和进步。只重视“掌握运动技能”“增强体质”等目标已经变成过去时，越来越多的体育教师逐渐认识到学生全面发展的重要性，再加上“以人为本”“个性化发展”等理念的深入人心，学校体育教学目标也由单一化向多元化的方向发展，这非常符合现代教育的要求。

二、体育课组织方面

为促进体育教学质量的提高，学校体育教育部门应结合自身的实际开设各种类型的体育课程，勇于打破旧有的班级建制，重新组合上课，以满足不同层次、不同水平、不同兴趣的大学生的体育学习需要。除此之外，学校还应针对特殊学生群体开设以康复保健为主要内容的课程,促进全体学生的发展。

据调查,我国高校体育课主要存在普修课与选修课,以及以上两种形式结合等三种形式,其中采用普修课授课形式的学校大概占一半以上。体育普修课教学的目的主要是使大学生了解体育项目,学习体育基础知识,掌握体育基本技术和技能,促进学生体质的增强。在普修课教学中,体育教师充分发挥自身的主导作用能够使学生扎实掌握体育基本知识、技术和技能,促进学生意志品质和集体主义精神的强化,使体育教学更加规范。当然普修课的授课形式也有不足之处,具体就是有很大可能会使学生在消极、压抑的处境中被动学习,对学生创造性思维的发展以及个性的发展有负面影响。

采用选项课形式的学校相对较少,这一选项课形式也有一定的好处,那就是学生的个性能够得到充分的发挥。但需要注意的是,因为大学生在入学前不太了解各类选项科目,所以直接采用选项课的形式进行教学具有一定的盲目性,教学过程中要求转项的学生有不少,这就给体育教师的教学管理造成了不良的影响。

采用普修课+选项课形式的学校也仅占很少的一部分,这种教学形式融合了二者的优点,相互补充,不仅使大学生掌握了体育基础知识和技能,又使大学生学习积极性得到了充分的调动,还使学生的运动能力得到了全面的提高。此外,普修与选修结合的形式还有利于体育教师的因材施教,能够满足不同学生的体育需求。

需要特别指出的是,针对特殊学生群体开展康复保健体育课程的学校不多,我们应本着"以人为本""人性化"发展的原则为这部分学生提供良好的帮助,以促进全体学生的发展。

三、体育教学内容方面

在学校体育教学体系中,体育教学内容扮演着十分重要的角色,它是体育教师和学生上体育课的载体,也是实现体育教学目标的基础保障，缺少了这一要素，体育教学就难以开展。因此，加强体育教学内容的选择与开发非常重要。体育教学内容应当和当今社会的需求相符，有很大必要进行改革与优化。截至当前，我国很多学校在体育课程内容改革中对体育课程内容进行了拓展、优化和重组，使教学内容能够更好地满足体育课程目标实现的需求，更好地为体育教学目标的实现而服务，体育教学内容改革是体育教学改革的重点。

下面主要分析一下我国高校体育教学内容的选取依据和选取情况。

（一）体育教学内容的选取依据

通过调查发现，在我国高校中，绝大多数的体育教师主要根据学校教学条件选择体育教学内容，这说明体育教师在选取体育教学内容时立足实际，以学校的现实发展情况为依据来进行选取，但如果学校缺乏场地器材的话，就会对体育教学内容的选取产生较大的影响。

另据调查，依据学生身心发展特点选取体育教学内容的体育教师占据一半以上，这说明很多体育教师都对学生的身心发展规律给予了高度的重视；根据学生的兴趣爱好选取体育教学内容的体育教师也大概占据一半，这有利于学生个性的发挥和兴趣的发展；有一部分体育教师能依据学生的专业特点、结合地方特色选取体育教学内容，这表明体育教学内容和学生具体专业的结合未达到紧密性要求，未将学校特色凸显出来。

（二）体育教学内容的选取情况

相关调查发现，在我国高校体育教学中，按照选取频数，学校对体育教学内容的选取从高到低的排列依次是篮球、武术、乒乓球、羽毛球、足球。进行深入的分析我们会发现，绝大部分体育教师会参照学生兴趣来选择和确定具体的体育教学内容，因此对学生吸引力较大的球类运动往往受到绝大多数学生的欢迎，选择这部分课程的学生也相对较多。

需要注意的是，其中有很大一部分的体育教师选取武术作为体育教学内容。作为中国优秀传统体育运动，武术运动的教学既有利于促进体育教学活动因地制宜地开展，又有利于弘扬和传承优秀民族传统体育文化。开设武术教学的学校中，太极拳这一项目开展得较为普遍，也受到不少学生的欢迎和喜爱，这对于我国传统体育文化的弘扬起到了非常重要的作用。

在各类体育课程中，女生倾向于选择那些运动量较小，有利于身体塑形和发展的运动项目，如健美操和体育舞蹈就是这样的项目。但实际上在体育教学内容选择中，选取这两个项目教师只占不多的一部分，这主要是因为教师考虑到学校体育场馆有限，不能充分满足教学要求，所以不便开展。除此之外，这些课程的专业体育教师相对较少，导致这部分课程的开设存在一定的问题。

总体上来说，在我国高校体育教学中，球类运动、武术运动、田径运动以及体操运动是我国现阶段体育教学的常见内容，但这些体育教学内容的特色不鲜明，未充分彰显出专业设置的自主性特点，结合学生学习特征和职业技能特征来设计和开发教学内容的学校很少。学校构建体育课程体系，必须要适应现阶段社会的需要和体育教育改革发展的要求，从实际情况出发来选择教学内容，强调知识教育、素质教育，促进学生体能、学习能力的提高，总之选择的体育教学内容要能促进学生的全面发展。

四、体育教学方法方面

体育教学方法对于体育教学质量的提高具有重要的意义。因此，在高校体育教学中，体育教师还要学会选择与运用多样化的教学方法。一般情况下，体育教学方法要满足多样化、个性化的要求，要有利于师生之间、生生之间的多边互动，能够使学生有兴趣参与体育学习，并能够发挥学生的创造性。体育教学方法的发展不仅要重视教法的改革，还要重视如何向学生传授学习的方法，要指导学生养成自主学习的能力。

调查结果显示，绝大多数体育教师在体育教学中经常运用的教学方法是合作性教学法、传习式教学法、自主性教学和探究式教学法。其中传习式教学方法采用得最为广泛，这充分说明大部分体育教师观念还比较落后，因此采用的方法也较为陈旧单一，这种教学方法对学生发挥个人自主性和创造性是不利的；在体育教学中使用合作性教学法、自主性教学法、探究式教学法的体育教师仅占很少的比例。这一种状况需要今后不断的改善。

调查发现，当前我国高校体育教学中，体育教师主要应用传习式的教学方法，使用新型教学方法的体育教师较少，所以说体育教师有必要积极更新教学观念，设计出和学生特点以及自身条件相符的新型教学方法，这样才有利于体育教学目标的实现。

五、体育教学评价方面

体育教学评价是教学活动的重要内容，通过体育教学评价能很好地反映教学情况，鉴定体育教学质量，能帮助体育教师有针对性地调整与修改教学方案，从而保证体育教学活动的顺利开展，促进体育教学目标的实现。

调查发现，我国体育教师在评价学生学习情况时倾向于选用教师评定、学生互评和学生自评三种方法。其中，第一种方法占据较大的比例，这一评价方法有利于体育教师充分掌握学生的学习情况，发现学生的不足，从而更好地指导学生的学习；第二种评价方法主要是采用学生之间相互评价对方的方式，通过这一方式，学生能够发现对方的不足，相互鼓励，从而共同进步，此外该评价方法有利于促进学生观察能力和评价能力的提高，促进学生之间良好人际关系的建立，促进学生团队意识的树立与强化；第三种评价方法充分体现了“以人为本”的教学理念，放权给学生，希望学生在自练自评的过程中能够客观认识自己的不足。以上三种评价方法各有特点和利弊，需要结合起来使用。

总之,伴随着我国高校体育教育的发展,当前的体育教学评价已经突破了单一化的模式,并由此呈现出了多元化趋势,这对于我国高校体育教学的发展是十分有利的。

第二节　我国高校体育教学发展中存在的问题

当前,我国高校体育教学还存在着不少的问题,这些问题突出体现在教学设施、教学理论研究、教学思想、教学模式、教学评估、教学质量等多个方面,下面就做具体的分析。

一、体育教学设施严重短缺

伴随着我国高校扩招政策的实施,大部分学校学生增长的速度远远超过了学校体育场地设施的建设速度,因此基础设施条件与扩展现状就构成了一对严峻的矛盾,场地设施的不足使在校学生的体育学习需求的满足和体育教学工作的顺利开展受到了严重的制约。场地不充足与设施不完善严重影响着学生的体育教学与课后体育锻炼。这给高校体育教学工作带来了不良的影响。

二、体育教学理论研究滞后

我国现代体育教学起步较晚,对体育教学理论的研究较少,且不够深入。我国在20世纪50年代,体育教学方面的理论和思想深受苏联的影响。直到20世纪80年代,我国积极进行体育教学改革,这一状况才有所改变,但与欧美学校体育教学相比,我国体育教学的理念相对滞后,还有很多地方有待完善。

三、体育教学思想观念落后

在我国，受历史传统及观念的影响，体育教学自始至终就非常强调教学要服务于国家和社会发展的需要，很长一段时期并不重视学生的个性发展。与西方体育教学思想相比，我国的体育教学思想显得较为保守和落后，我国并不重视学生的个性化发展，这给体育教学的改革和发展带来了不利的影响，因此及时转变陈旧的体育教学思想至关重要。

伴随着时代的发展和进步，我国高校体育教育开始充分吸收与借鉴西方国家先进的经验，取得了一定的发展和进步。但由于对西方体育教学思想的学习和借鉴缺乏盲目性，很多教学思想没有被深刻体会，没有得到充分的贯彻和落实。

一方面，传统教学思想仍然在当今的体育教学中占有一席之地，具体表现在以教师为中心的教学模式仍在体育教学中存在，导致学生一直处于被动的学习状态之中。整个体育教学过程和模式僵化，学生的主体地位没有体现，很多学生难以养成主动学习的意识和习惯。

另一方面，有相当一部分的体育教师缺乏对体育教学思想观念的正确理解与认识，思想上存在着一定的误区。新的教学理念在落实的过程中受多种因素的影响，很难贯彻到教学实践中去，学生学习的积极性难以得到有效的发挥。

在当今时代背景下，创新和发展体育教学已经成为一项迫切需求。基于此，应转变传统的落后的体育教学思想和观念，转变思想，积极跟上世界发展的形势和潮流，使我国高校体育教学更加符合人才发展的要求，这对于我国体育事业乃至整个社会的发展都具有非常重要的意义。

四、体育教学模式缺乏创新

在新的时代背景下，为推动我国体育教学的发展，我国积极吸取西方国家先进的体育教学经验和教学理论，然后结合我国的国情加以改革与调整。但是，受我国传统教育体制和社会经济结构的影响，我国的学校体育教学结构并没有发生本质的变化，并没有学习到西方国家先进的体育教学发展模式。

调查发现，目前我国体育教师在组织体育教学活动时，传统的教学内容、方法仍占据主要地位，体育教学过程组织并没有实质性的变化，无法激发学生的学习兴趣。现阶段，我国的体育教学仍然以传统的教学模式为主，以教师为中心，学生的主体性没有得到充分发挥。在体育教学中，教师仍然以技能教学为主，重技术而轻理论，忽视了学生学习的过程和方法，“填鸭式”的教学模式仍然占据着重要的地位，这对于我国高校体育教学的发展是十分不利的。

五、体育课考核评价急需完善

应试教育政策的实施对于我国体育教学的发展产生了非常重要的影响，尽管近些年来我国尝试着进行了大量的素质教育改革，但应试教育的影响仍然存在。就体育教学的考核评价来说，当前仍然把学生期末技能考试成绩当成评价学生的一个主要标准。这与素质教育的理念是不相符的，这一情况看来在短时间内难以改变。

在应试教育下，学生的考核缺乏一定的科学性和合理性。忽视对学生的学习态度、学习进度、学习过程的考核，也没有考虑到学生体育学习过程中的体育知识基础、体育文化素养、体育锻炼习惯内容。与此同时，在考评过程中，通常无视学生的个性差异，学生必须在规定的项目方面得到一定的标准，在一定程度上限制了学生自主性学习的权利，达不到检测与促进的效果。在传统的教学评价体系下，难以得到真实客观的评价结果，因此体育教学质量的提高难以得到保证，学生的全面发展也受到很大的影响。

六、体育教学工作质量下降

体育教学目标对于体育教学活动的开展具有重要的指示作用，在制定体育教学目标时一定要突出个性，并展示出学校体育的特殊性，这样才是科学的体育教学目标。但从当前各校已经制定的体育教学目标来看，并未达到这一要求。终身体育、个性发展和能力培养等虽然在体育教学中一直被体育教师强调，但大都是纸上谈兵或表面工作，没有具体的计划和明确的方案，因而实践工作的开展也就失去了目标与方向。除此之外，尽管学校制定体育教学目标方面以及选用体育教学内容方面都呈现出了全面性特点与多元性特点，但并未明确具体的重点，目标管理严重不足。这对于体育教学活动的开展是十分不利的，严重影响到体育工作质量的提高。

第三节　我国高校体育教学发展的趋势与对策

一、高校体育教学发展的趋势

（一）重视学生终身体育教育理念的贯彻与实施

伴随着时代的发展和学校教育的进步，“终身教育”理念如今得到了很好的贯彻。联合国教科文组织指出：“必须改变人们对教育的作用的看法。扩大了的教育新概念应该使每一个人都能发挥和加强自己的创造潜力，也应有助于挖掘出隐藏在我们每个人身上的财富。这意味着要充分地重视教育的作用，就是说使人们学会生存,实现个人全面发展的作用,不再把教育单纯看作是一种手段,是达到某些目的(技能、获得各种能力、经济目的)的必由之路。”有鉴于此,现代高校体育教育教学更加重视对具有广泛的适应能力与创新意识的复合型人才的培养,重视学生终身体育意识与能力的培养,这对于学生的未来发展具有深远的影响和意义。

现代社会对于人才的要求非常高,在当今社会背景下,体育教育越来越受到人们的重视,我国高校体育也更加重视对全面发展的人的培养和体育终身意识的培养,这是高校体育教学的一大发展趋势。

(二)推进体育课程的深化和改革

伴随着学校体育教育的改革,我国高校体育教学也顺应时代发展的趋势对体育课程进行了深化与改革,这是一个重要的发展策略和趋势。教育部颁布的《普通高中体育与健康课程标准》对推动学校体育教育教学的发展起到了重要的作用,在未来的一段发展时期,学校体育教学还应该为推动体育课程的迅速发展进行如下努力。

(1)体育教学目标重视大学生的个性化发展,强调构建弹性化的课程内容结构,从而更好地适应当前新形势下高校学生多元化的体育需求。

(2)高校体育课程设置重视学生的全面发展,注重学生体育实践能力的提升。

(3)高校体育课程设置更加强调高校学生体育认知经验的掌握,重视高校学生体育经验、体育情感、体育态度、体育价值观的形成与发展。

(4)高校体育课程效果评价更加强调以高校学生的全面发展为核心,而非只强调运动成绩。

(5)体育课程设置强调体育课程的分级管理与体育教师在体育课程设置中的主导作用。

以上几种措施的实施对于我国高校体育教育的发展具有重要的意义,可以说是高校体育教学改革与发展的重要趋势。

(三)注重野外生存与拓展训练课程的建设

伴随着学校体育教育的改革,出现了大量的体育课程。如野外生存、拓展训练等就是这样的课程。野外生存具有很好的挑战性、冒险性、趣味性以及实用性,它能够有效提高高校学生挑战困难与处理问题的心理素质,提高高校学生对自然与社会的适应能力、培养高校学生的审美情趣与环保意识,促进高校学生的全面发展。总之,野外生存与拓展训练具有非常显著的健身特点,散发着极大的体育魅力,受到广大追求刺激的青少年的欢迎。

(四)加强体育课内外与校内外一体化的发展

随着学校体育教育改革的逐步进行,学校体育各个方面都发生了不小的变化。如今学校体育课程改革的势头非常明显,成为体育教育改革的重要内容。课程可以说是为实现课程目标在教师组织指导下一切课内外活动的总和,这种大课程观的确立为我国高校体育走向课内外与校内外一体化奠定了良好的基础。

目前,我国新一轮的体育课程改革是“从大课程观出发,将体育的课堂教学与课外、校外的体育活动包括运动训练纳入课程之中,形成课内外、校内外有机结合的课程结构”。此外,《中共中央国务院关于深化教育改革全面推进素质教育的决定》指出:“学校要树立健康第一的指导思想,切实加强体育工作”“确保大学生体育课和课外体育活动的时间。”要贯彻落实学校教育与体育课程的“健康第一”的指导思想,促进学生身体素质的发展,而课内外、校内外一体化的建设与发展就是促进学生身体素质发展的一个非常重要的路径。

由此可见,在新的时代背景下,实施新的体育课程,搞好课堂教学、认真组织好课外与校外的多种多样的体育活动,充分开发和利用体育课程资源,加强体育教师、班主任、辅导员、有体育特长的其他学科教师、校医、学生干部之间的合作，满足高校学生的体育发展需要是高校体育教育教学的重要目标之一。

（五）重视竞技体育的发展

竞技体育是社会体育文化的重要组成部分，在高校体育教学中，正确实施竞技体育教育不仅能够增进高校学生的健康、培养高校学生的运动兴趣、提高高校学生的运动技能，同时还能够培养高校学生积极进取的人生态度、促进其学会建立良好的人际关系，更能够增强高校学生的竞争意识、团队意识以及责任感，提高高校学生的协作能力以及心理调节能力。竞技体育在高校体育中的地位具体如下所述：

（1）发展高校竞技体育符合高校学生的身心发展特点，能使其掌握某一项或者几项运动技能，对于学生的未来发展具有重大的帮助；

（2）发展高校竞技体育是学校校园文化建设的重要组成部分，是学校丰富高校学生课余生活的重要手段，除此之外，还能通过组织或参加大型竞技比赛提高学校的知名度，一举多得；

（3）《高校体育工作条例》指出“提高大学生运动技术水平，为国家培养体育后备人才”是高校体育工作的基本任务，学校竞技体育既是发展我国体育事业的需要，也是发展我国教育事业的需要。

综上所述，发展学校竞技体育不仅是高校学生、学校、国家的需要，同时还能够促进三者的良性发展。因此，各个学校都非常重视竞技体育在学校中的发展，这也是当今学校体育教育的一大发展趋势。

二、高校体育教学发展的对策

（一）加强体育教育理念的更新与发展

体育教育理念的革新对于高校体育教学的发展具有非常重

要的意义，加强体育教育理念的改革需要注意以下几个方面：

1. 树立为培养优质人才服务的观念

在高校体育教学中，体育教师要指导学生接受正确的体育观念的教育，在促进身体素质提高的同时，帮助学生深刻理解体育运动对人体短期、长期的影响，认识到事业的成功有赖于身体的健康，让学生养成积极参加体育锻炼的意识和行为。

2. 树立终身体育的观念

通过体育教学让学生学会根据自己的年龄、身心特点、健康状况、生活水平、学习的环境等各个方面来选择或重新学习体育锻炼的内容、基本方法，从而为终身体育奠定良好的基础。

（二）设计科学、合理的体育教学目标

《学生体质健康标准（试行方案）》中指出："我国大学体育教学的目标即通过对各运动项目理论和技能的学习，了解各运动项目的基本知识，掌握一定的各运动项目的锻炼方法与健身手段，提高学生的整体素质，增强体质，促进身心健康发展，为终身体育奠定良好的基础。"

依据《学生体质健康标准（试行方案）》，我国高校体育教学目标的确定要从以下两方面进行：一方面，必须要把促进学生的身心发展和提高他们的社会适应能力作为基本目标；另一方面，要建立一个合理的、切实可行的课程结构，并融合多学科的知识，促进学生健康知识、自我锻炼意识以及卫生习惯的养成，这样才有利于学生的全面发展。

（三）编排与选择合适的体育教学内容

受各方面因素的影响，我国高校体育教材的内容总是一成不变，其主要构成往往都是竞技体育项目，而其特点就是项目的动作技术难度非常大，对于专项素质的要求也非常高。这样的教材

面向全体学生，在趣味性、娱乐性、健身性和实用性等方面就会大打折扣，根本无法满足不同水平学生学习与生活的需要。除此之外，这种教材内容很可能会导致学生丧失学习的积极性，并且出现力不从心的问题，最终很难达到预期的目标，导致难以激发学生学习的兴趣，使学生学习的积极性一点点丧失。因此，编排与选择合适的体育教学内容至关重要。

1. 要以充分提高学生心理健康水平为原则选择教学内容

教学内容的选择要能满足学生自我发展的需要，使他们在运动中能发挥自身的价值和获得成功的体验。

2. 按社会的实际情况和需要选择教学内容

为了使学生在校期间所学的知识在毕业后能够运用，就要根据实际情况多安排一些不受空间、时间、器材等客观条件限制，又能被大多数人接受的内容，体现学生能自主选择学习的意愿。关注个体差异与不同学生的需要，使得每一个学生受益。比如，健美操、健身操、武术、棋类等项目就是非常好的选择。

3. 要充分利用现代化教学手段对教学内容进行充实

在体育教学中要根据实际情况，充分利用电视、网络、多媒体等现代化教学手段，充分体现科技为教学服务，教学促进科技发展的原则。总之，体育教学内容要根据本校的具体条件和环境，因地制宜、实事求是地进行选择。

（四）加强体育教学手段的转变

1. 由传授型向引导型转变

在以往的体育教学中，体育教师基本上采用讲解和示范的教学手段，学生进行机械的模仿，这非常不利于学生学习兴趣的提升和个性的发展。因此在今后的体育教学中，体育教师要体现出民主、合作、平等的教风,善于引导,经常使学生加入到讨论当中,提出建议,激发学生学习的主动性和积极性。

2. 由形式型向实效型转变

提升体育教学质量的手段有很多,如改变教学形式、变换教学手段、降低技术难度、改变器材设备规格等都是比较实用的方法。比如,有些学生不喜欢跑100米,那么可以用12分钟跑或篮球、足球定时运球跑等方式来代替,从而达到体育锻炼的目的,促进体育教学质量的提高。

3. 由枯燥型向快乐型转变

体育教学有时候是非常枯燥的,因此提升体育教学的娱乐性,由枯燥型向快乐型转变具有积极的意义。这里的快乐有两层意思,首先是指教学内容要符合心理、生理、社会原则,其次是教师要根据任务要求创造出新颖的教学方法、组织形式,为学生营造一个轻松愉快的教学环境,在这样的环境之下,学生的学习效率能得到极大的提升。

(五)引进先进的体育教学方法

学生在接受体育教育的过程中,对其知识、原理和方法的理解必须要透彻,要深刻理解体育运动育心、育体的功效。因此学生要主动参与,从而悟出体育的真谛,体验运动当中存在的乐趣。这对教学方法提出了很高的要求,以往注入式、训练式的教学方法是无法鼓励学生进行生动活泼的学习的,学生的学习非常被动,离开教师学习效果就大打折扣,最终的效果微乎其微。由于受传统体育教学方法的限制,教师并不注重学生如何学习,使教师无法正确认识到学生的心理认知水平之间的个体差异,学生的学习过程和学习结果更是没有一个合理的考核标准。因此为了切实体现出教学主体是学生,就应当在教学中大胆尝试自主探究性的学习方法,同时减少注入式和训练式等老式教学方法,这样能够使学生通过自主学习来培养爱好和特长,从而通过爱好与特长更好地促进学生学习的自主性,形成一个良性循环,这对于学生的长远发展及体育教育的发展都具有重要的意义。

(六)提高教育者的教学组织管理水平

在以往的体育教育观念下,教师处于绝对的主导地位,学生在体育教师的带领下从事各项体育活动,学生要对体育教师绝对地服从,这一种教学理念十分强调体育教学目标、教学要求、教学行动等各个方面的全面统一。在以往,这种不切实际的并且严重忽视学生个体差异的一刀切的教学组织方法受到了许多教师的盲目推崇。而实际的情况,正是这种教法严重地扼杀了学生好动的天性,使学生对体育课的积极性和兴趣大幅降低,同时导致为数不少的学生产生了强烈的逆反心理,教师的应对则更加盲目,对此的应对就是施加更大的压力。然而,教师越是对此压制,学生对于管理也就更加不服,最终形成一个恶性循环,严重影响到体育教学的健康发展。

综上所述,体育教学应实行自主管理的方式。针对学生过去在教学过程中受到过紧束缚的问题,必须要在体育教学中实行责任教育制度,使学生对于自己的行为责任有着非常高的明确,将以人为本的自主管理思想根植于学生心中,课上给予其更多的活动时间和空间,不断培养和提升学生的自我管理的能力,这对于学生将来走上社会也具有重要的意义。

(七)不断改革成绩考核评价方式

在旧有的体育教育体制和体育观念影响下,大部分的体育教师往往只重视学生运动成绩的考核,而在一定程度上忽略了对学生学习的独立性、创造性等方面的评价,这一做法是不合适的,对于学校体育教育的发展十分不利。

因此在未来的体育教学发展中,体育教师要积极运用考和试的方式。考应以大纲要求掌握的基本的体育知识与技能等方面为内容,占考核内容的一半,而试则应以鼓励学生在大胆尝试选择性学习后,由教师对他们努力自学掌握的体育知识和技能或习得的健身项目、动作和锻炼方法等为内容来进行评价,占到考核内容的另一半,从而使学生能够形成良好的健身意识和习惯。体育教学在素质教育实施过程中的作用是不可替代的,它在使人强身健体的同时还可以增长学生的知识,起到调节感情、培养意志品质的目的,促进学生智力的发展,并提高其审美能力。因此,通过体育教学促进学生的全面发展具有非常重要的意义,理应受到体育教师的广泛重视。

1. 体育教学目标要具有整体性

在体育教学中,体育教学目标非常重要,只有在教学目标的指引下,体育教学活动才能得以顺利地开展。因此可以说,体育教学目标指引着教师的教和学生的学,能够将教和学两方面的活动整合到同一个方向上。教学目标就是实现教书育人的目的。因此体育教学必须强调认知、发展和教育三个方面的任务,要促进学生的全面发展。

综上所述,体育教学目标应该是向学生传授体育知识、技术和技能,提高学生的健康水平,增强体质,同时促进学生的全面发展,另外体育教学还要强调学生思想品德和意志品质等方面能力的培养,这对于学生的未来发展也具有十分重要的意义。

2. 体育教学内容要具有全面性

在体育教学体系中,教学内容是非常重要的组成部分。可以说,它是教师传授和学生学习认知的核心。根据体育教学目标而精心挑选出来的体育教学内容往往具有很高的认知价值和很好的发展和教育价值,所以教学内容是学生身心素质发展必不可少的要素。因此体育教学内容的选择要在全面性的基础上强调科学性和实效性,这样才能体现出体育教学内容的特色化,这对于学生的个性化发展以及全面发展都具有重要的意义。

3. 体育教学方法要具有综合性

体育教学方法在体育教学过程中是以凭借性要素存在的，教师和学生是依靠方法来发生联系的，从而共同作用于教学内容。体育教师必须善于把现代的教学方法引入体育方法的组合中来，根据体育教学目标、内容和学生的实际情况设计出相应的体育教学方法组合方案，以提高体育教学的质量和效果。

4. 体育教学方针的发展

体育教学方针对于体育教育的发展具有重要的指导意义，针对当前我国学校体育教育的发展情况，特制定以下教学方针。

（1）一个突出

一个突出指突出健康第一这一指导思想。健康第一的指导思想是中国共产党从全民族的根本利益出发对体育教学提出的总体要求，其内涵和实质是非常深刻的。“健康第一”就是要求学校走出应试教育和竞技主义的固有思想。对于未来的我国高校来说，整个改革的思路、发展的方向都要突出“健康第一”的指导思想，这是不能动摇的。

（2）两个坚持

首先要坚持面向所有学生，从而全面提高学生自主的健康意识，进而养成健康的生活方式。其次是要坚持高校体育是全民健身计划的组成部分，是全民健身计划的基础。国家在体育运动方面有全民健身计划和奥运争光计划两大计划。而体育教学则要定位在全民健身计划的范畴，就是以开展群众性体育运动为主。作为学校，对奥运争光计划也应做适当贡献，但那是对少数有天赋的学生开展的课余训练的工作，对于数量更大的普通学生来说，不能因抓了竞技这一块而冲淡了高校体育的主要任务。

（3）四大任务

高校体育不仅要做到育体和育心，同时也要做到培智、育德、育美，这也是“健康第一”思想的具体体现。体育教学的四大任务是：第一，衡量学校体育工作成功与否的标志就是要提高学生的健康意识，发展学生的素质，促进学生的身心健康发展。第二，以体育教学为依托，包括体育课程，要教会学生学会各项初级体育技能，使学生终生拥有健康的行为习惯、生活方式和锻炼的习惯。第三，通过体育教学培养学生优良的道德品质和爱国主义精神。第四，发展学生的个性。

（八）重视体育教学工作质量的提升

为促进体育教学质量的提升，体育教师应严格按照新颁布的《普通高校体育课教学指导纲要》的要求，制定科学的体育教学大纲，安排合理的教学内容和教学方法，以满足学生对体育的兴趣和需要。除此之外，体育教师还应制定与完善检查制度，本着公平、合理、高效的原则制定一个科学的体育教学评估体系。

（九）构建高素质的体育教师队伍

体育教师是高校体育教学中的重要主体，在这一主体的带动下，学生的学习水平和学习成绩才能得到极大的提升，因此促进体育教师综合素质的提高，提高体育教师的专业水准非常重要。为促进体育教师综合素质的提升，一方面，要加强在职体育教师培训的工作，积极培养体育教师的业务素质，进一步提高体育教师的教学水平。另一方面，要通过多种渠道为年轻的体育教师提供脱产进修、在岗培训等机会，努力提升体育教师的综合素质与水平。

在加强体育教师业务素质培养的同时，还要重视培养他们的体育教学观念，不断提升体育教师的教学理论水平，鼓励体育教师积极投身教学改革，提高体育教师的课时补助和岗位津贴，调动他们授课的积极性，不断提升体育教师的业务素质，从而为体育教学质量的提升奠定良好的基础。

（十）加大体育教学投入力度

受近些年来我国高校扩招的影响，很多高校出现了体育经费不足的情况，这对于学校体育教育的发展是非常不利的。因此加强体育教学物质资源的投入至关重要。首先应加大对体育经费的投入，从而建设与高校规模相适应的体育场馆，配备足够的体育器材和设备数量。争取把高校新建体育场馆设施的工作放在首位，除此之外还可以通过各种手段改造旧场馆，充分利用好现有的每一种资源。

在未来的体育教学中，学校相关部门还应加强体育现有物资的管理和使用。在具体的体育教学活动中，要严格按照制度要求使用物资，并加强体育设施的保养和维修，定期对体育教学物资进行检查，确保体育器材和设备完好无损，为学生参加体育教学活动创造良好的物质条件。

第三章　素质教育视角下高校体育教学理念的转变与发展

伴随着现代社会的不断发展,学校教育也获得了快速的发展。我国学校教育也由以往的“应试教育”逐步向素质教育转变。在素质教育发展的背景下,各种符合现代教育要求的教学理念得到了充分的贯彻与应用,极大地促进了体育教学质量的提升。本章就重点分析当前应用比较广泛的几种教学理念。

第一节　“以人为本”教学理念的解读与发展

一、“以人为本”的内涵

在当今时代发展的背景下,我国学校教育进步明显,取得了一些成绩,这与体育教学理念的不断更新是分不开的。以科学的教学理念指导体育教学符合当今学校教育发展的要求。在众多的体育教学理念中,“以人为本”的教育理念就在当前学校体育教学中得到了很好的贯彻与发展。这一理念有着深厚的内涵。我国学者对于这一理念的认识如下所述。

(1)学者燕国材认为,学校教育必须坚持“以人为本”的基本理念,在整个教育过程中,要给予学生充分的尊重、理解和信任。学校体育教育要能发挥人的潜能,发展人的个性。燕国材教授非常强调学生主体作用的发挥,主张大力挖掘学生的潜力,促进学生的个性化发展。

（2）学者王景英认为，“以人为本”主要指的是以“学生”为本，学生是体育教学活动的主体，一切教学活动都要围绕着学生开展。

（3）还有学者认为，“以人为本”教学思想实际上是一种维护和保障教师，尊重学生主体地位，关怀他人的教学思想。其中，教师和学生是体育教学质量提高的关键，要引起高度重视。

综上所述，关于“以人为本”教学理念的研究大都集中在“人”与“本”这两个方面，“人”从广义上是指学生、教师和教育管理者，从狭义上讲则是指学生。学校教育以培养学生为终极目标，那么学生就是学校教育一切活动的中心，因此“以人为本”中的“人”归根结底是指学生，坚持“以人为本”的教学理念就是坚持“以学生为本”，促进学生的全面发展。如今这一教学理念在体育教学中得到了充分的贯彻和应用。

二、“以人为本”教学理念的理论基础

在当今教育背景下，“以人为本”的教学理念得到了充分的贯彻与应用，对于教学质量的提升起到了非常重要的作用。这一理念是在现代人本主义教育思想的基础上发展起来的。人本主义教育思想的产生，源于对现代科学发展中人对科学产品的使用和在智能化时代发展过程中的人的价值的丧失的思考，非常符合现代社会发展的潮流。

伴随着现代学校教育的不断改革与发展，各种教学思想、教学观点大量涌现出来，推动着学校体育教育的发展。其中，认知心理学和行为主义对人性的认识分析带来了一定的困惑，教育工具化，接受教育、获取知识的兴趣的快乐体验无法得到重视，教育单纯成为培养和提高人们技能的一个手段，之所以出现这一种情况，主要是人们对事物的认识水平有限。

伴随着时代的不断发展，各种高科技被应用于社会各个领

域,整个社会的生产方式、生活方式、生产模式等都发生了日新月异的变化。在新的时代背景下,人们越来越依赖于和受制于科技的发展。因此在教育层面,人们也越来越强调“人本主义”,旨在将人从“器物”中解放出来。现代人本主义强调,应将人类从科技中解放出来,强调人在社会发展中的地位,强调人的个性化发展。这一思想对“以人为本”教学理念的形成产生了重要的影响。

“以人为本”非常重视人的主体地位,表现在学校教育中,对作为学习者、施教者的教学活动参与主体的“人”的重视,“以人为本”这一思想在社会各个领域都产生了重要的影响力,受到人们的广泛关注。

在学校体育教学中,“以人为本”这一教学理念十分强调人的个性化发展,强调学生的主体地位,强调体育教学活动的开展要“以学生为本”,围绕着学生进行。

总体而言,“人本主义”的教学理念主要有以下几个方面的内涵:

(1)学生是体育教学活动的主体,一切教学活动都要围绕着这一主体进行;

(2)学习的主要目的在于促进“自我实现”。强调教育应促进教师与学生人格的完善,促进师生心理品质的提升;

(3)在体育教学中,人际关系要得到很好的发展和完善;

(4)要进行有“意义的学习”,努力提高教学质量和效果。

三、“以人为本”教学理念解读

在当今学校教育背景下,“以人为本”教学理念受到广泛的关注,其内涵也越来越丰富。关于“以人为本”教学理念,具有代表性的观点有以下几种:

(1)学者王景英认为,“以人为本”教学理念的核心是教育要提升人的主体地位,“以人为本”,实际上就是“以学生为本”,学生在体育教学活动中占据着十分重要的地位;

（2）学者燕国材认为，学校教育中的“以人为本”，要求教师应尊重、理解、关心和信任学生，发现每一名学生的优点，促进其个性化发展与综合素质的发展；

（3）“以人为本”教学理念中，“人”是指学生和教师，教师和学生都是教学活动的重要主体，“以人为本”就主要包括“以学生为本”和“以教师为本”两方面的内容；

（4）“以人为本”教学理念是一种尊重和关怀他人为核心的教学理念，倡导以人为主体，以教育为主体。

综上所述，“以人为本”的教学理念有着十分丰富的内涵，广义上而言，“人”是指学生、教师和教育管理者；狭义上则是指学生，教育是“培养人”的一种活动，“以人为本”中的“人”的最大内涵是“学生”，体育教育应注重学生身心健康和全面素质的培养，这才是真正意义上的“以人为本”。

四、“以人为本”的教学观点

“以人为本”这一教学理念充分肯定了人在教育中的作用，在具体的体育教学中，“以人为本”教学理念理应得到充分的贯彻与应用。这一理念在体育教学中的观点如下所述。

（一）“以人为本”教学理念的主要目的是促进师生的自我实现

在体育教学中，“以人为本”教学理念的应用目的主要是促进师生的自我实现，促进师生各方面的发展。

1. 教师的自我实现

表现在体育教学中，教师的自我实现主要是指教师能创造性地完成教学任务，实现教学目标。在具体的教学活动过程中，教师要扮演好自己的角色，实现自身应有的价值。通过体育教学培养出适合社会发展的合格人才，促进学生的发展与进步。同时，在体育教学中，通过对体育教学的科学设计与各种丰富多彩的体育教学活动的开展和教学媒体媒介的应用来提高自己的教学能力、组织能力、社交能力、科研能力等。教师在组织与开展教学活动的过程中，还要严于律己，注重自身素质的发展和提高，这会对学生产生潜移默化的影响，给学生起到良好的示范作用。

2. 学生的自我实现

学生是体育教学活动的重要主体，一切教学活动都要围绕着这一主体进行。在体育教学中，学生的自我实现是要促进学生身心发展、智能发展、社会适应性提高等，让每一个学生都能通过体育教学有所进步，体育具有多元教育价值，通过体育教学能促进学生的各种素质的综合发展。在“以人为本”的基础性理论人本理论的支持下，体育教育强调了在体育教学中不仅要重视健康知识和运动技能的学习，还要通过科学的体育教学环境创设和教学过程安排来促进学生的心理、情感、智慧、社会性发展，使学生情感和智力有机结合。教育学家罗杰斯认为，体育教育的一个重要教学任务就是在体育教学中促进学生的认知与情感的共同进步与发展，通过各种体育教学活动的开展，学生的各项素质都能获得不错的发展，这非常符合现代教育的要求。

（二）体育教学内容的安排应尊重学生这一主体的发展

在传统教育背景下，我国学校教育并不重视人本位的思想和观念，学生的个性发展受到一定程度的抑制。但在当今时代背景下，人们逐渐认识到传统工具化教育是对其本质属性的违背，逐渐认识到，人是教育的出发点，人本教育将教育的重点落实到人身上，关注人的健康成长。在人本教育基础上我国所提出的素质教育也正是关注人的以学生为本的一种教育。学生是体育教育活动的主体，在素质教育背景下，学校教育更应该关注学生的个性化发展，在平时的教学过程中，体育教师要善于采取各种手段与措施激发学生学习的积极性，促进学生的全面发展。

在“以人为本”教学理念下，学校体育教育非常强调学生的个性化发展，主张教学活动要围绕学生这一主体进行。因此，体育教学应在统一要求的基础上做到因材施教，教师要尽可能实现多样化的教学课程设计，力争促进每一名学生的发展，为社会培养出大量的高素质的人才。

（三）教学方法的选择要注重学生的心理体验

"以人为本"教学理念在当今的体育教学中得到了广泛的应用，在这一理念的指导下，学生的个性得到了充分的发展，学习的积极性也得到了有效的提高。在体育教学中，要想实现学生个性化发展的目标，还需要讲究一定的方式与方法，其中选择符合学生心理体验的体育教学方法能有效激发学生的学习兴趣，促进学生的全面发展。

在具体的体育教学过程中，体育教师在备好课的同时，还要全面了解和尊重学生，构建良好的师生关系，这对于体育教学活动的顺利开展是十分有利的。学生在参加体育教学活动的过程中会受到个人态度、个人爱好、获得学分等动机的影响，教师的个人魅力也会对其学习产生一定的影响，因此一定要构建一个良好的和谐的师生关系，为体育教学质量的提升奠定良好的基础。

五、"以人为本"教学理念在体育教学中的应用

（一）重新定位体育教育价值

伴随着现代社会各种文化的碰撞与发展，教育思想也出现了重大的变革。"以人为本"的教学理念就是在这样的时代背景下产生并获得不断发展的。伴随着学校教育的日益发展，开始强调人性的回归，体育"育人"的价值也因此受到广泛的关注。在这样的背景下，"以人为本"的教学理念更是得到了充分的贯彻与应用。

受"以人为本"教学理念的推动，我国的学校体育教学在近

年来获得了不错的发展。在当今社会背景下,人的发展在社会的各个领域受到了重视,即使是在智能时代,很多机器生产代替了人工生产,但是发明机器、操控机器的还是人,人的作用不可忽视,始终在事物发展的过程中扮演着十分重要的角色。

受“以人为本”教学理念的推动,学生的主体地位受到高度的重视。在具体的体育教学中,体育教师都能够依据学生的个性特点、学习基础和具体实际制定体育教学的目标和任务,制定具体的教学方案。同时,师生之间也加强了互动与交流,极大地促进了体育教学的发展。

广义上而言,“以人为本”不仅包括“以学生为本”,也包括“以教师为本”。在这一教学理念下,教师也应受到一定的关注,体育教师在体育教学活动中扮演着至关重要的角色,因此关注教师,促进教师的发展也十分重要。

(二)体育教学目标的重构

在传统教育背景下,体育教学目标过于追求学生的学习成绩,这一目标显得过于功利化,不利于学生的健康发展,也不利于学校体育教学的长远发展。

伴随着时代的发展,各种新的科学技术与新的教学理念的出现给了体育教育工作者更多的教育启发与指导,体育教学的育人作用不断丰富和发展,多元化的学校体育价值体系对体育教学目标重构提出了要求。

如今,“以人为本”的教学理念在体育教学中得到了充分的贯彻与运用,极大地促进了体育教学质量的提升。越来越多的学者逐渐认识到传统的术教育和体制教育不再适合当前的体育教育教学,不能单纯地追求学生的外在技能水平,而应该重视学生的全面、健康、可持续发展。新时期的体育教学的重点转移到“以人为主”上,在体育教学中,体育教师必须认识到,学生是体育教学的重要主体,一切活动都要围绕着学生这一主体进行。

（三）学生教学主体观的建立

在当今教育背景下，“以人为本”教学理念在体育教学中得到了充分的贯彻与应用。因此，越来越多的教师开始关注学生，从学生的特点、条件、基础和学习需要出发来选择教学内容、选择教学方法、选择教学组织形式与教学模式。体育更多以选修课形式设置，不同教师之间也正是通过个人教学能力和对学生的“因材施教”和关心关爱学生，深受学生的信任和爱戴，在这样的情况下，学校体育教学得以更加快速的发展。

（四）体育课程内容的优选

在以往，我国学校体育教学的内容比较简单，主要以竞技体育运动技能的学习为主，并不重视学生的全面发展。而伴随着时代的不断发展，这种单一的教学内容已难以适应现代教育发展的要求，需要进行必要的改革。而“以人为本”的教学理念非常重视学生的全面、健康、个性化发展，在体育教学内容的选择上也显得比较合理，因而这一教学理念得到了迅速的传播与发展。

大量的实践表明，“以人为本”教学理念非常符合现代学校教育的要求，对于学校体育教育的发展具有非常重要的意义。为了进一步推动我国体育教学的改革与发展，教育部门先后修订各级学校体育教学大纲，强调在体育教学中要不断丰富体育教学内容，旨在通过多样化教学内容促进学生的身心健康与全面发展。体育教学中，教学活动开展也应建立在落实“健康第一”的教学理念的基础上进行，通过丰富的体育教学内容来吸引学生参与体育锻炼，通过体育教学促进学生身心健康发展，而非传统体育教学中只关注竞技能力提高，有时为达到这“竞技力提高的目的”甚至安排不合理的教学内容。

另外，“以人为本”的体育教学理念还十分强调体育教学内容要与学生的发展需求相适应。

第二节　“健康第一”教学理念的解读与发展

一、“健康第一”教学理念的内涵

“健康第一”也是一个十分重要的教学理念，其在体育教学中得到了充分贯彻与应用。“健康第一”教学理念的内涵主要表现在以下几个方面。

（一）强调身体健康是健康的基础

“健康第一”的内涵十分丰富，这里的健康不仅仅指的是身体健康，还包括心理健康、社会健康、生殖健康等在内的多维健康，健康的基础是身体健康。健康的体魄是人类发展的基本标志，对学生进行健康教育是十分重要的事情，理应受到高度重视。

（二）强调多元健康发展的素质教育

“健康第一”非常重视学生的健康发展，指出学校教育教学的首要目标是促进学生的健康成长，与学生的健康相比，学习成绩的提高处于次要的地位。实际上，只有学生身体健康了，其他方面的发展才能得到基本的保障，这是“健康第一”教学理念的基本观点。

（三）强调健康教育的全面性

（1）在体育教学中，“健康第一”教学理念要求体育教学活动的开展要以学生的健康为基础，重视学生的身心健康发展，不仅要关注学生的身体健康，还要关注学生的心理和社会性健康，为学生奠定良好的身体基础、心理基础，这对于学生将来毕业走上社会具有重要的帮助。

（2）“健康第一”的教学理念还十分强调学生的心理健康教育。现代社会竞争要求学生必须要具备良好的心理素质，这样才能适应社会发展的需要，在激烈的社会竞争中站稳脚跟。当前，就我国高校大学生群体而言，许多大学生都深受学业、就业、生活中的各种问题的困扰，都存在不同程度的心理问题。因此，教育关注学生心理健康非常必要。体育具有促进运动者健康心理形成和发展的重要作用，学生容易受到社会上不良因素的影响而出现各种心理问题，因此对学生进行心理健康教育是非常必要的。

（3）学生社会性发展教育。大量的实践与事实表明，学校体育教育能有效促进学生的社会性发展。因此在具体的体育教学中，应该有意识地培养学生与人交往的能力，这对于学生将来走上社会快速地适应社会具有非常重要的帮助。

综上所述，在具体的体育教学活动中，应充分贯彻与实施“健康第一”的教学理念，这样才有利于学生身心的全面发展。

二、坚持“健康第一”教学理念的必要性

（一）“健康第一”理念符合世界发展潮流

世界卫生组织曾经对健康下了一个定义，定义主要是从身体、心理和社会三方面进行的。伴随着时间的不断推移，健康教育受到社会各界人士的高度重视。我国为与世界卫生组织提出的健康指导思想保持一致，提出了“健康第一”的指导思想。1990 年 6 月，我国教育部和卫生部首次联合颁发《学校卫生工作条例》，正式以法规的形式将健康教育纳入学校教学计划，试图改变占据着统治地位的、发展相对滞后的、培养技能式的体育教育和健康教育，冲破单一的竞技体育和片面追求金牌的模式，进一步促进群众性体育活动领域的拓展，力争使全体学生都能够参与到体育锻炼和体育健身中，关注学生身心健康，促进健康教育进一步发展。第三次全国教育工作会议明确指出青少年拥有良好

的身体素质是为祖国、为人民服务的基本前提。因此，各校开始高度重视体育课程教育，不管是中小学基础教育，还是高等教育，都对体育教育工作进行了改革与调整。“健康第一”教学理念受到了高度的重视，尤其是表现在学校体育教学中。因此在今后体育教学发展的过程中，要积极贯彻与应用这一教学理念。

（二）“健康第一”理念适应现代社会发展的需求

在当今全球一体化发展的背景下，世界各国之间的竞争越来越激烈。而各国之间的竞争主要在于人才的竞争，在于劳动力素质的竞争。而人才的培养主要在于教育，只有通过教育才能培养出大量的高素质人才。对于我国而言，这是发展教育的大好时机，但同时也面临着艰巨的挑战，要想从竞争中脱颖而出，必须培养拥有正确政治思想、具备扎实科学知识和能力、拥有强健体魄的高质量专门人才。这就要求在学校教育中注重培养学生的良好身心素质，促进学生的健康发展，树立适应新世纪要求的健康第一思想，剔除与新世纪不相适应的教育思想、体育内容和方法。

相关调查发现，目前我国在校学生的身体素质发展情况不容乐观。大多数学生都存在着一定的健康问题，如营养不良和低体重学生的比例较高，学生超重和肥胖现象也越来越普遍，近视率也与日俱增。对于这些情况，我们要深刻认识其严重性。学校教育部门要总结经验与教训，全面贯彻党的教育方针，加大体育工作力度，将学生的身体健康发展放在十分突出的位置。只有学生的身体素质发展了，才能为其他方面的发展奠定良好的基础。

总之，“健康第一”教学理念非常符合时代发展的需求，学生积极参与体育健身活动不仅有利于强身健体，增强抵御疾病的能力，而且还能够发展智力，促进自身的全面发展。这能为我国的社会主义现代化建设培养大量的高素质人才，能为中华民族的伟大复兴做出应有的贡献。

三、"健康第一"理念下体育教学目标的确定

（一）落实健康标准

体育教学目标的确定要落实一定的健康标准，除此之外，还要不断地调整体育教学内容，普及体育锻炼知识，促进学生身心健康发展。另外，体育教学也应该依据新的学生体质健康测试标准，根据本地区气候、资源以及学校自身教学特点来进行较大程度的调整。允许学生根据自己的爱好和特点自由选择体育项目，使他们参与到自己真正感兴趣的活动中，从而熟练掌握适合自己的健身方法。学校体育不能只重视学生的运动成绩，同时还要关注学生的体育锻炼意识与习惯，指导学生建立和形成终身体育的意识。

（二）进一步完善体育与健康教育体系

在当今时代背景下，学科之间的渗透性越来越强，在体育教学中也渗透着体育人文学、运动人体学、健康教育学等相关学科的内容，提高体育教学的科学性和人文性，进一步丰富体育课对学生的教育意义，提高学生的体育学习兴趣，并增加保障学生身心健康发展的常识性内容，如预防艾滋病、远离毒品等，帮助学生养成积极向上的健康的心理品质，对于学生的健康发展具有非常重要的意义。

（三）贯彻"健康第一"的指导思想

在当今竞争激烈的时代背景下，学生需要具备各方面的素质才能更好地在社会中生存与发展。而学生一切素质的培养和提高都是建立在身体健康基础之上的。因此我国适时提出了"健康第一"的指导思想，对学校体育教育和人才培养提出了更高的要求，即要求培养身体健康、心理稳定、拼搏竞争、团结协作的新型人才及全面型人才。学校体育教育应重视这一使命与任务，把体

育教育的理念从“增强体质”转移到“健康第一”中来。在“健康第一”教学理念的指导下,学生能更加自觉地参加各项体育教学活动,从而促进自身的健康发展。

(四)体育教育要服务于学生体质健康

体质健康对于一个人的发展而言具有十分重要的意义,贯彻“健康第一”指导思想要求学校体育与健康教育的目的是增进学生的身心健康、增强体质、培养全面发展的合格人才。运动技术是学生参与体育锻炼的重要手段和途径,在掌握运动技术的基础上,学生还要学习和掌握丰富的体育与保健方面的知识,保证参加体育锻炼的科学性和有效性。

(五)学校体育要服务于学生心理健康

在当今社会背景下,竞争越来越激烈,这不仅表现在社会上,在学校中也是如此。学生的学习、生活、升学、就业、恋爱等处处都有竞争,这就给大学生带来了沉重的负担,长期承受负担的学生存在着不同程度的心理问题。因而,我们要重视学生的心理健康,努力提高学生的心理健康水平,而学校体育教育在这方面正发挥着独特的作用。学校体育的组织形式灵活,贴近学生需要,体育活动的目标定位因人而异,对学生的体育能力予以全方位评价,保证学生的身体与心理都能得到健康的发展。

(六)体育教育要服务于学生社会适应能力的提高

在“健康第一”的教学理念下,体育教育给学生的身体健康发展带来了重大的影响。体育可以说是一种独特的教育形式,在一定规则的制约下,开展公平、公正、公开的体育竞赛,有利于协调人际关系,增强学生的意志力、团结合作精神和自我心理调节能力,培养学生良好的社会公德,增强学生的责任意识,这对于学生走上社会后快速适应社会具有非常重大的帮助。

四、"健康第一"理念在体育教学中的贯彻

在新的时代背景下，高校体育教学要严格落实"健康第一"思想的要求，在教学过程中要始终坚持健康第一教学理念的指导，旨在使学生拥有健康的体魄和心理，为学生终身体育习惯的养成奠定良好的基础。

在高校体育教学中，贯彻"健康第一"的教学理念应注意以下几个方面的要求。

（一）体育教师努力提升自己的业务素质

在高校体育教学中，教学质量的提升在一定程度上依赖于体育教师的教学水平。因此，提升体育教师的综合素质是非常重要的。在现代教育背景下，体育教学对体育教师提出了较高的要求。作为一名合格的体育教师，不能只是单一型教育工作者，同时还要是一个科研型教育工作者，必须要具备一定的创新意识与能力。这就要求体育教师对科学和人文两方面的基本知识予以全面的掌握，重点要扎实掌握体育专业的知识，了解体育教育的人文价值，掌握学生素质发展的规律性。同时体育教师也要树立终身学习的思想，要适应不断发展着的社会，与时俱进地促进自身各项素质的发展和提高，这样才能更好地从事体育教学活动，实现体育教学的目标。

除此之外，体育教师的教学监控能力也是一项重要的业务素质，这一能力主要包括体育教师按教学目的对教学活动进行决策与设计的能力，课堂组织能力和管理能力，评估学生知识、技能的能力等。体育教师还应积累丰富的教学经验，积极参与体育科研，善于在工作中发现问题、分析问题和解决问题，不断提升自身的专业素质，这样才能为推动体育教学的发展贡献应有的力量。

（二）密切体育、卫生、美育相结合

“健康第一”教学理念的贯彻与运用还要注重学生体育、卫生、美育等的结合，这样对于学生的全面发展才是有利的。大学生在参与课堂与课外体育活动的过程中，都必须注重营养，养成卫生保健的好习惯，用科学的卫生保健知识来指导自己的体育锻炼实践。在高校体育教学中，教师应对大学生的运动营养给予科学指导，让大学生对有关营养、卫生保健的知识有一个基本的认识与了解。目前，学校体育与卫生保健相结合已有良好的开端，并取得了一定的成效，但二者结合的体系还没有建立和形成。这就要求高校体育教育部门应结合大学生的具体实际开展各种形式的健康教育，让大学生学习和掌握自我保健的方法，保证自身的健康发展。

体育也具有重要的美育价值，因此，在“健康第一”的教学理念下，还要充分发挥体育教学的美育功能，努力提升大学生欣赏美的能力。体育是健与美的有机结合，寓美育于体育之中，可使体育内容与形式充满美的感受，通过参加各种形式的体育活动，能极大地提高学生的审美情趣，促进学生审美能力的提高，在这样的情况下还能促进学生智力水平的提高。

（三）结合大学生实际情况开展体育教学活动

在“健康第一”教学理念下，高校体育教学还应结合大学生的具体实际开展各种形式的教学活动。这需要注意以下几个方面：

第一，各种体育教学活动的开展都要建立在大学生实际的基础上，要努力培养大学生的健康意识和健康行为，尽可能将所教知识转化为大学生自觉的行动。

第二，高校需立足本校学生的实际，制定综合的体育课教学大纲与教材，认真组织大学生参加体育锻炼活动，积极学习先进国家在学校体育卫生方面的成功经验。

第三,在学校开展体育课应注意适量,不应矫枉过正。

第四,学生参加课外体育活动,教师需给予必要的指导。

第五,学校应多开展不同形式与规模的体育比赛,为学生实践能力的发挥与提高提供机会。

第六,学校还要定期开展运动营养学、运动心理学、运动保健学等相关学科的教育活动,促使大学生形成完善的体育知识体系。

(四)技术教育与健康教育相结合

"健康第一"教学理念下,学生的身体健康发展非常重要,但是在促进学生身体素质发展的同时,还要将技术教育与健康教育结合起来进行。在高校体育教学中,要有效传递健康知识和锻炼方法,要在充分运用社会体育资源的条件下开展体育活动,培养大学生自觉参与体育锻炼的意识和习惯。

学生参加体育教学活动,还要学习和掌握基本的健康知识和促进方法。传统体育教学过分关注对运动技术的传授,而对健康知识的传授没有足够的重视。然而大学生只有掌握了健康知识和锻炼方法,才不会盲目进行体育锻炼,才可以对自身情况和锻炼的效果进行客观有效的评价,才能取得好的锻炼效果。

在高校体育教学中,开展体育课程一般主要考虑场地器材、教师、学生等自身情况,而对所学习运动项目进入社会后是否能有条件继续坚持的考虑则相对较少。学校体育工作应当立足学校,放眼社会,多开设社会体育设施建设较好的项目,为终身体育的开展创造条件。体育运动项目是参与体育运动的媒介,好的运动技术会增加大学生参与运动的兴趣,有助于大学生良好运动习惯的形成。

综上所述,在"健康第一"的教学理念下,高校体育教学还要坚持以运动技术为主,注重培养大学生广泛的体育兴趣和专一的体育特长,使大学生具备一专多能的能力,同时重视健康知识和健身方法的传授,在这样的情况下,即使大学生离开了体育教师也能很好地参加体育锻炼,养成自觉参加体育锻炼的意识和习惯,这非常符合现代体育教育的要求。

第三节　“终身体育”教学理念的解读与发展

一、“终身体育”教学理念的提出

2017年,党的十九大报告中指出,我国要十分关注民生,关注社会大众的全面健康发展。而人们的身体健康发展离不开终身体育教育,在这样的情况下,终身体育上升到一个重要的战略地位。由此可见,在体育教学中实施终身体育教学理念非常符合时代发展的要求,具有一定的先进性。

伴随着时代的不断发展,人们的身体健康受到广泛的关注。如今,“全民健康”已经上升为国家战略高度,人们的健康发展受到广泛的关注。而体育作为一种健康的生活方式和手段,能有效促进人们的身心健康,青少年学生作为社会主义建设的生力军,更应该注重自身的健康发展。

伴随着学校教育的不断进行,“终身体育”教学理念得到了很好的贯彻与应用,这是我国新时代体育教学改革的必然要求,也是我国社会主义现代化建设的要求。

总之,“终身体育”是当前我国各级各类学校的重要教学理念,它对于体育教学发展以及社会的发展都具有十分重要的意义。如今,这一教学理念在社会、在学校中都得到了广泛的传播与推广,对于促进人们的身心健康发展正发挥着越来越重要的作用。

二、“终身体育”教学理念的内涵

总体而言,“终身体育”教学理念的内涵主要体现在以下两个方面:

一方面，终身教育与人的一生是密不可分的，可以说终身体育贯彻人的一生，在人的一生中，学生都要养成终身参加体育锻炼的意识与习惯，这样才能有效地促进自身的健康发展。

另一方面，终身体育讲究科学性，强调学生参加体育锻炼要运用的锻炼手段与方法，这样才能实现理想的锻炼效果，这样对于身体素质的增强才有意义。

具体来说，“终身体育”的内涵体现在以下几个方面：

（1）在时间上，终身体育要贯穿人的一生，在任何时候都不能中断；

（2）在内容上，可供人们参加的体育锻炼项目非常之多，能满足人们的各种体育需求；

（3）在人员上，全体人民群众都是终身体育锻炼的主体；

（4）在教育上，终身体育的目的是增强全民体质。

综上所述，“终身体育”教学理念具有一定的先进性，理应受到推崇与传播。要想在体育教学中很好地贯彻与落实终身体育这一教学理念，要充分发挥体育教师的作用。调查发现，学生参加体育运动锻炼会在一定程度上受到体育教师的影响，因此体育教师要给予学生必要的指导，帮助其科学地参加体育锻炼。

在具体的体育教学中，教师应关注学生终身体育意识和能力的培养，不能只关注和过于重视技术、技能教学，要将技术教学与体能发展、体育态度、体育意识等结合起来进行。

三、终身体育的体系构成

发展到现在，终身体育已初步建立和形成了一个比较完善的体系，这一体系主要有以下几个因素构成。

（一）构成人群

一般来说，终身体育系统的构成人群主要包括广大教师、学生、家长及管理人员等，首先管理者要采取有效的方法为这些人群提供锻炼的空间与机会，使他们在基本条件得到保障的基础上参与体育锻炼，提高锻炼能力，这是终身体育发展的重要前提和基础。

（二）构成空间

对于在校学生而言，他们的发展离不开家庭、学校和社会等各方面的因素，这些因素都会对学生终身体育意识的建立和形成产生重要的影响。其中，学校教育时期是个体成长的关键阶段，在学校接受体育教育，学生的身心会得到健康的发展，这对于学生将来走上社会快速适应社会也具有重要的帮助。

（三）习惯养成

终身体育中的习惯养成具体是指体育观念、体育兴趣和体育氛围，培养体育观念和兴趣，营造良好的体育氛围是形成体育锻炼习惯和发展终身体育的重要基础和保障。经常参加体育锻炼能促进学生终身体育意识和习惯的养成。

（四）锻炼能力

体育锻炼能力也是终身体育的主要构成因素之一，体育锻炼能力又是由知识、技术、技能和智力等基本要素构成的，由此可见体育锻炼能力是包含一个人身心品质的综合体。人们在参加体育锻炼的过程中，需根据条件的变化来选用相应的身体练习方法，来合理安排锻炼时间，安排与调节运动负荷，并进行自我医务监督，对锻炼效果进行自我评价，从而不断提高锻炼效果，终生获益。图 3–1 是终身体育体系构成图。

体育教师在组织与开展体育教学活动时，首先要了解大学生在形成终身体育意识、养成终身体育锻炼习惯方面需要具备和应该具备哪些要素，并通过对比理论与实际来对影响大学生终身体育习惯养成的要素进行分析，这更有利于高校体育教学内容的合理设置与安排，更有利于贯彻终身体育的理念。

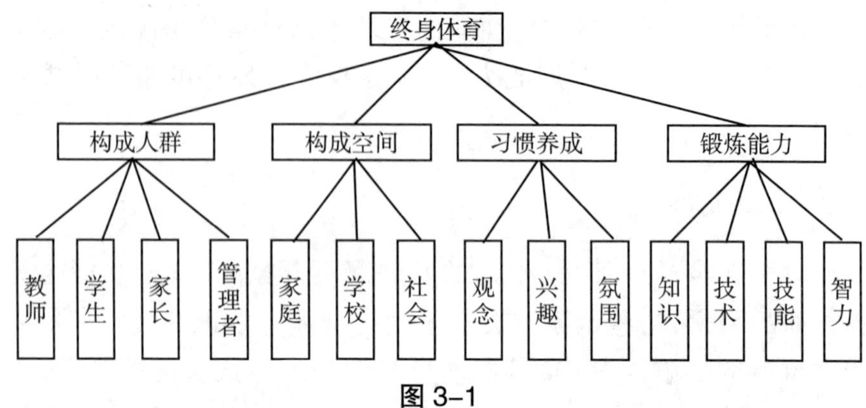

图 3–1

相关研究发现,在体育教学中,优秀的体育教师往往能够比较深刻与全面地了解大学生的体育学习情况和不同学生的个性,并能客观诠释体育教学中遇到的问题,而且也知道如何对体育教学现状进行改革,从而促进体育教学质量的提高。

一个完整的终身体育教学体系如图 3–2 所示。

四、"终身体育"教学理念的应用

(一)培养学生的终身体育意识和习惯

(1)在体育教学中,体育教师要采取各种手段与措施激发学生参与体育活动的兴趣,帮助学生养成长期参与体育锻炼的意识与习惯。

(2)培养学生基本的体育锻炼和卫生保健常识,并提升学生的体育运动技能。

(3)培养学生积极参与体育锻炼的意识和习惯,在课外体育锻炼中,教师也应给予必要的指导。

(4)提高学生的体育文化素养,提高其终身体育的能力。

(二)丰富与优化体育教学内容

(1)在具体的体育教学中,还应不断地优化与整合体育教学内容,激发学生学习体育的兴趣。

（2）开展多种形式的体育文化活动，进一步丰富体育教学内容。

（3）讲授体育规则和裁判知识，引导学生关注时下的体育热点，养成终身体育意识和习惯。

（4）鼓励学生积极参加课外体育活动，教师可以给予必要的指导。

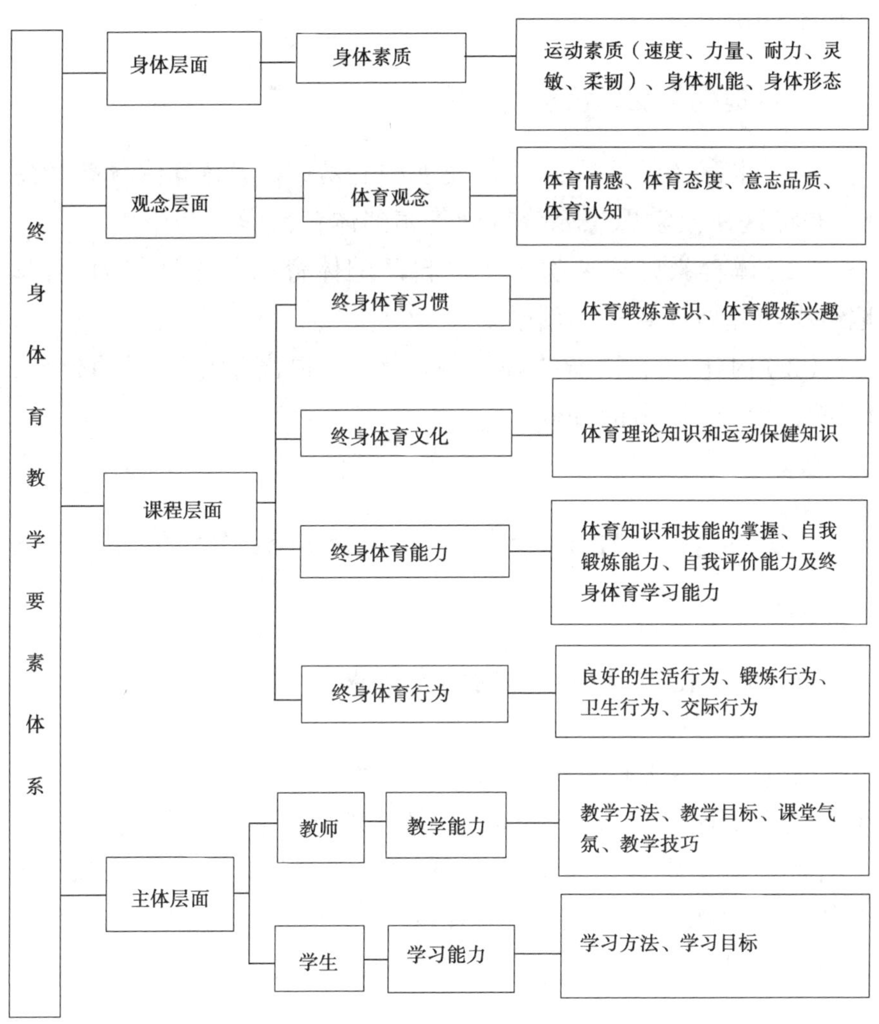

图 3–2

（三）重视学生个人和社会体育需求的结合

（1）进一步明确学生需要与社会需要之间的关系和地位。

（2）在学生需要与社会需要之间产生矛盾时，要合理有效地进行处理。

（3）不断丰富学生的知识结构，提高学生运动技能，促进学生的个性化发展。

（四）提高教师综合素质水平

（1）体育教师要顺应时代发展的趋势，树立终身体育教学思想，并将这一教学思想充分贯彻落实到体育教学实践中去。

（2）体育教师还要努力提高自己的体育课程设计能力，科学地组织与开展体育教学活动。

（3）构建一个和谐的师生教学关系、提高学生学习的效率，促进体育教学质量的提高。

第四节　“个性化”教学理念的解读与发展

一、个性化教学理念的内涵及要求

如今，个性化教学理念也在体育教学中得到了广泛的应用，个性化教学理念与“以人为本”的教学理念有着一定的相似之处。二者都强调学生这一主体的发展。“个性化”教学理念强调每个个体的生命都具有独特性，都有自己的个性。在这个意义上，个人就与个性相等同。促进学生的个性化发展对于素质教育的深化与改革具有重要的意义。

在学校体育教育中，要强调生命的独特性，给予学生充分的尊重。教育就是要在每一个个体独特生命的基础上去促进他们的成长、发展和完善,而不是去遏止、压抑和抹杀这种个性和独特性。教育对待生命的最基本的态度是让教育为个体而存在,创设适合个体独特生命的个性化教育。

在学校体育教学中,个性化教育具有非常重要的意义。个性化教育是对划一性教育的否定,从划一性教育到个性化教育,不仅体现了教育组织形式的变革,而且体现了教育目的论、教育价值观的改革与更新。这对于学校体育教育的发展具有深远的影响和意义。

总体而言,个性化教学理念的内涵主要表现在以下两个方面。

(一)尊重个体的独特性和差异性

个性化教育是符合现代学校教育要求的一种教育理念,它与划一性教育有着较大的区别。其最大的不同在于,后者的重心是教师,教师行使权利,对学生的差异和要求基本无视。前者的重心是学生,教师树立服务于学生的观念,将学生作为一切教学活动的出发点与落脚点。可以说,在个性化教育中,学生所需要的,就是教师所提供的;教师的最大追求就是学生的满意。这就是“生本教育”的理念。该理念要求教师给予学生充分的尊重,尊重学生这一个体的独特性和差异性,便于体育教师进行因材施教。

1. 尊重学生个体的个性

在体育教学过程中,体育教师必须对每一个个体予以尊重,每一个个体的存在是一种个性的存在,所以从根本上来说,尊重人就是尊重学生个性及人格的发展。

2. 尊重学生个体的需要

行动的动力源泉是需要,个体发展的动力同样来源于需要。发展就是不断满足人的需要,因此,正确的教育是尊重个体需要的教育。个性化教育要求充分尊重教育者和被教育者的需要,科学引导被教育者的需要,使其向有利于个人身心健康和促进社会进步的方向发展，使所有学生都享有个性化学习的权利，从而更好地促进学生的全面发展。

（二）发挥学生的自主性和选择性

人的活动一般分为两种，一种是自主活动，另一种是被动活动。人们在参加各种活动的过程中，只有当其成为活动的主体，他们的活动才是自由自主的，这时活动中的人才是有个性的人。因此，自主活动是人发展自我个性的基础。个性化教学理念就非常注重学生这一个体自主性的发展。

个性化教学理念十分注重学生个性的发挥，在具体的体育教学中，首先要摆脱教师的控制，使学生拥有自主性和发展的主动权。一定条件下，个人支配、控制自己活动的权利和能力就是自主性。科恩说："自主有两个尺度。第一个尺度描述个体的客观情况、生活环境，是指相对于外部强迫、外部控制的独立、自由、自觉和自主支配生活的权利和可能。第二个尺度是对主观现实而言，是指能够合理地运用自己的选择权利，有明确目标，坚韧不拔和有进取心。自主的人能够认识并善于确定自己的目标，不仅能够成功地控制自己的环境，而且能够控制自己的冲动"。[①] 自主的人是支配和控制客观环境的主体，主宰自己的活动，以自己的意识、思维对自己的行动进行支配与控制，而不是盲目听从客观环境或他人的支配，长此以往，学生就会形成很强的自律性，这对于学生自主性学习习惯的养成具有非常大的帮助。

学生的自主，不是盲目的自主，而是对教师提供的多样的教育资源进行自主的选择，这种选择不仅包括选择不同的学科内容，还包括对教师提供的同一内容的自主理解，珍视自己独特的经验体会。自主和选择是密切相连的，没有自主就不可能有选择，选择的过程体现了学生的自主意识与自主能力。学生只有面对多样化的教育内容，拥有自主选择权，才能避免划一性的教育，才

① 贺善侃．教育创新与创新教育[M]．上海：华东大学出版社，2012.

能促进每个学生的个性发展。

个性的本质是自由自觉的活动。自由的人往往都是有个性的人。自由包括处理人与自身关系的内在自由、处理对象性活动中的主体自由、处理人与人之间关系的社会自由等多个层面的内容。其中,后两种自由在教育中赋予了学生自由活动的权利和合理的限度,学生可以自主自由地做出选择,这就是个性化教学理念的应用。在这一教学理念下,学生学习的积极性能得到较大的提高,有利于取得理想的体育教学效果。

二、高校体育个性化教学的途径

在高校体育教学中贯彻个性化教学理念,需要从以下几个方面着手。

(一)树立个性化教育理念

学校体育教育一个非常重要的目标就是培养身心全面发展的人才。由于每一名学生都是不同的,因此体育教育不能采取划一的教育模式,要依据不同学生的具体情况采取不同的教育手段,就是说要采取个性化教育的理念。古希腊哲学家苏格拉底采取“精神助产术”,在与学生相互诘难的过程中,不断提出“为什么”来引导学生层层深入地思考问题,直至学生经过自己的独立思考,达到对问题的解答。这种通过对话辩论来研究问题的方式被称之为辩证法。这种教育方式就是个性化的教育方式。这种教育方式与当今长期实施的“教师一言堂”式的教育方式完全不同。这一教学理念非常符合当今学校素质教育改革的要求,与现代社会发展的形势也相符合,因此值得大力提倡和推广。

体育教师在体育教学中扮演着十分重要的角色,因此在高校体育教学中树立个性化教育观念离不开体育教师多重角色观和现代知识质量观的确立。在现代化体育教育中,为促进学生个性,的充分发挥,教师应善于承担多种角色,如成为学生学习课程的指导者和鼓励者、学生全面发展的培养者、学生终身学习的奠基者、民主师生关系的建立者等。如果仅仅认为体育教师就是负责教书的工作者，那么就会扼杀学生的个性，不利于学生的全面发展。

而在个性化体育教学理念下，在注重学生体育知识与技能传授的同时还重视学生个性的发展，注重培养学生独立的思维能力、学习能力、发现和解决问题的能力、处理与环境关系的能力，以及适应社会的能力等。由此可见，个性化教学理念非常符合当今时代发展的要求，具有一定的进步性。

（二）探索个性化教育手段

与传统的体育教学相比，个性化教学理念非常排斥以往的"满堂灌""填鸭式"的教学方式，这一教学理念主张构建"师生互动式"的教学模式，在体育教学中注重激发学生的求知欲望、学习兴趣，为学生的个性发挥与发展提供良好的条件，为实施素质教育创造优良的环境。这种模式转换的实质其实是学生个性的解放，在这样的教学模式下，学生的个性能得到极大的释放，自身能获得全面的发展。

（三）建立个性化教育体制和评估体系

伴随着我国学校体育的发展，近些年来我国的体育教育改革取得了一定的成就，但综观整个教育界，依然没有从根本上改变以计划模式为主导的教育体制。如果不改革这套计划模式，很难在体育教育中实现创新教育。只有从根本上突破计划模式，打破简单划一的教育体制，实施个性化教育，体育教育才有可能实现创新和更大的发展。

（1）给予学生充分的发展空间，促进学生个性化发展。

（2）改革统编体育教材制，给大学生、体育教师充分选择教材的自由。

（3）改革生硬的体育教育评估体系，为学生的全面发展奠定良好的基础和保障。

第五节 素质教育视角下高校体育教学理念的发展

在素质教育发展的今天，大量的教学理念被应用于体育教学之中，发挥着非常重要的作用。这些体育教学理念的应用对于素质教育的实施具有重要的意义。在素质教育背景下，高校体育教学理念呈现出以下发展趋势。

一、体育教学理念向着层次性和延续性方向发展

伴随着学校教育改革的不断进行，涌现出了大量的体育教学理念，这些教学理念极大地推动了我国高校体育教学的发展。体育教学理念可以为体育教学改革指明方向，加快体育教学改革进程，有效提高体育教学质量等。在体育教学中，不同年龄学生的差异十分明显，这就要求加强体育教学的系统性，但从当前体育教学指导思想在体育教学实践中的运用来看，体育教学思想的系统性、连贯性相当缺乏，如针对各年龄阶段学生的体育教学的重点较为相似，没有从学生特点出发进行教材的处理、教法的选用和教学过程的组织安排等，受此影响，高校体育教学改革并未产生明显的效果。

在这样的情况下，体育教育工作者逐渐意识到应以不同年龄段学生的特点为依据来构建体育教学理念，应突出体育教学思想与理念的层次性，从而准确把握体育教学目标与方向，这样才能有效提高体育教学质量，促进体育教学的发展。

二、体育教学理念向着“人文体育观”方向发展

伴随着素质教育的改革与发展，如今学校体育教学形成了以

生物、心理、社会因素为主的“三维体育观”,体育教学的健身、竞技、娱乐、文化和社会等多元功能与价值因此而得到了有效的拓展。在此影响下,体育教学的目标也越来越多元化,功能方向越发明确。同时,国外快乐体育思想、休闲体育思想、终身体育思想等先进思想的传入也进一步丰富了我国的体育教学理念与思想体系。此外,北京奥运会举办至今已有十几年时间,这些年间人文奥运理念早已深入人心,奥林匹克运动文化也对我国学校体育教学的改革与发展产生了重大的影响,奥林匹克运动思想对我国学校体育教学理念的改革与发展也具有一定的指导意义。由此可见,未来学校体育教学会更加重视学生的全面发展,这也是素质教育的要求,是符合现代社会发展潮流的。

三、体育教学理念向着综合化方向发展

在素质教育背景下,我国的高校体育教学理念也向着综合化的方向发展。这里的综合化是指“健康第一”“终身体育”与“素质教育”的结合。素质教育是一种发展中的理念,内涵丰富。我国实施素质教育的时间还不是很长,因此还处于探索阶段,人们试图通过不同的途径,采用不同的教育理念去指导体育教学实践,以推动体育素质教育的新发展。但是,尽管各种理念都各有自己的“合理内核”,但在体育教学中,要将健康第一、终身体育放在首要位置,这对于素质教育的深化与改革具有非常重要的意义。

体育为人的全面教育而服务,在体育教学中,顺应素质教育的潮流,确立健康第一、终身体育与素质教育相结合的综合化体育教学理念,能有效地推动着高校体育教学的发展,也能促进学生的全面发展。

第四章　素质教育视角下高校体育教学目标的革新与发展

素质教育是符合现代教育发展的一种教育理念，在这一理念下，高校体育教学能获得快速健康的发展。体育教学系统涵盖的要素众多，在这一系统中，体育教学目标是重要的内容。可以说，一切教学活动的开展都要围绕着教学目标进行，教学目标是教学活动开展的指向标，指引着体育教学前进的方向，因此构建一个科学合理的体育教学目标体系是非常重要的。

第一节　体育教学目标理论体系

一、体育教学目标的概念与分类

（一）体育教学目标的概念

1. 目标的概念

关于目标的概念，我们首先将其拆开来单独分析。“目”是指“眼睛”“看”“目录”“孔眼”“名称”“大项中再分的小项”“想要到达的地点或想要得到的结果”等；“标”是指“标志”“标准”“记号”“用文字或其他事物表明”“事物的枝节或表面”等。

通过以上对“目”“标”的分析，我们可以总结出“目标”的基本含义：

（1）射击目标，即观察、射击的对象；

（2）被攻击的对象；

（3）需要经历斗争或忍受艰难困苦才能够获得的东西；

（4）要达到的目的、要获得的战略地位，或海战或陆战规定的要到达的地点；

（5）目的与标准两者的结合，即说话或做事都需要有一定的目的，所说的话或所做的事也都需要一定的标准。

以上是关于目标的广义的概念，应用在教学领域中，目标就是指在教学过程中需要达到的具有一定标准的结果。只有我们明确了目标的基本概念，才能得出教学目标和体育教学目标的概念。

2. 教学目标的概念

根据目标的概念，教学目标就是指在教学活动中，教师和学生所要预期达到的结果或标准，它是对通过教学使学生能够做什么的一种明确的具体的表述。教学目标主要是对学生通过学习后预期产生的行为变化所进行的表述，它是实施教学活动的方向，一切教学活动的开展都要围绕着预先制定的目标进行，只有如此才能保证体育教学正确的发展方向。

3. 体育教学目标的概念

根据教学目标的概念，我们可以得出，体育教学目标是指在体育教学情境中学生所要达到的最终学习成果的预期标准。体育教学目标是由体育教师制定的，具有较强的灵活性和实用性。它能为体育教学活动的开展指明正确的方向。因此，制定的体育教学目标一定要科学和合理，并且还要有一定的调整余地。

具体而言，体育教学目标可以分为阶段性目标和最终目标。阶段性目标就是指体育教学过程中各个阶段的目标；最终目标就是所有阶段性目标的总和，也就是体育教学的总目标。最终目标的达成是体育教学目的得以实现的标志。无论是阶段性目标还是最终目标，其制定都要以学生的具体实际为依据，确定的教学目标必须要符合现代教育的要求，符合学生身心发展特点和规律。这样制定的体育教学目标才是科学合理的。

（二）体育教学目标的分类

关于体育教学目标的分类有着不同的划分标准和方法，在不同的标准下，体育教学目标的划分也不同。本书关于体育教学目标的划分主要是依据布卢姆的教学目标分类理论来对体育教学目标的分类问题进行分析。布卢姆是美国著名的教育心理学家，他与克拉斯沃尔和哈罗合作，根据教育目标分类的对象和应遵循的原则，将教学目标分成认知、情感和动作技能三大领域。这一划分方法对于后来体育教学目标的划分产生了重要的影响。

1. 认知领域分类

依据认知领域的划分标准，可以将体育教学目标划分为知识、领会、应用、分析、综合、评价六个层次（表 4–1）。每一个层次都在这一目标体系中占据着非常重要的位置。

表 4–1 认知领域的教学目标分类[①]

层次	一般目标举例	行为动词
知识	知道体育领域的名词和基本概念	界定、描述、指出、列举、选择、说明
领会	理解动作要领和有关知识 将有关知识从一种形式转换成另一种形式	转换、区别、估计、解释、归纳、猜测
应用	应用概念及原理于新情况 应用定律及学说于实际情况	改变、计算、示范、发现、操作、解答
分析	评鉴资料的相关性，分析一项作品的组成结构	关联、选择、细述理由、分辨好坏
综合	写出一组完善的动作要领	联合、创造、归纳、组成、重建、总结
评价	运用内在材料评判所学内容的价值 运用外在标准评判所学内容的价值	鉴别、比较、结论、对比、检讨、证明

① 龚坚 . 现代体育教学论 [M]. 重庆：西南大学出版社，2009.

2. 情感领域分类

按照这一划分标准，可以将体育教学目标分为接受、反应、价值评价、组织、由价值或价值符合体形成的个性化五个层次（表 4–2）①。

表 4–2　情感领域的教学目标分类

层次	一般目标举例	行为动词
接受	注意听讲 显示已了解学习的重要 显示对体育锻炼的敏感性并参与体育活动	把握、发问、描述、命名、点出
反应	完成规定练习 遵守学校规则 参与课上讨论 显示对体育课的兴趣	标明、表现、遵守、讨论、呈现、帮助
价值评价	欣赏健康体育 欣赏体育在日常生活中所居地位 显现解决问题的态度	邀请、验证、完成、阅读、报告、分享
组织	承认解决问题系统规则的重要 接受自身行为的责任 了解并认知自身的能力及限度 形成一个与自身能力和兴趣信仰相协调的生活计划	坚持、安排、修饰、比较、准备、关联
由价值或价值符合体形成的个性化	表现具备良好的思想品德 显示在独立完成动作时的自信心 实践在团体活动中的合作态度 保持良好健康的习惯	建立、分辨、倾听、实践、提议、品质

3. 动作技能领域分类

按照这一划分标准，可以将体育教学目标划分为知觉、定势、指导下的反应、机制、复杂的外显反应、适应、创作七个层次（表 4–3）②。

① 龚坚．现代体育教学论 [M]. 重庆：西南大学出版社，2009.

② 同上．

表 4–3　动作技能领域的教学目标分类

层次	一般目标举例	行为动词
知觉	口述运动器械各部分名称 复诵动作要领	描述、使用、抄写、理解、解释
定势	评量身体的起始动作调查反应的意愿	选择、建立、安置
指导下的反应	描述所观察教师的示范动作并能够正确模仿	制作、复制、混合、依从、建立
机制	正确、熟练地做出技术动作	操作、练习、变换、固定、修理
复杂的外显反应	完成精确的技术动作 演示复杂的技术动作 完成一套连贯的技术动作	组合、修缮、专精、解决、折叠
适应	迅速有效地掌握新动作 根据已知的能力或技术编制一套技术动作	改正、计算、示范
创作	改良动作技术 发现新的练习方法 创造新的表演方法	设计、发展、创造、筹划、编辑

二、体育教学目标的特点与功能

(一)体育教学目标的特点

对于体育教学而言,体育教学目标扮演着十分重要的角色,它是体育教学的出发点和归宿,是体育教学活动顺利开展的保证。它在很大程度上决定着体育教学的方向,对体育教学活动起着重要的指导作用。因此,一切体育教学活动都要围绕体育教学目标进行,不能偏离了体育教学目标。

通常情况下,体育教学目标主要呈现出以下几个特点。

1. 导向性特点

体育教学目标具有重要的导向功能,它能为体育教学活动提供方向上的引导,体育教学设计、体育教学组织、体育教学评价等活动的进行都要以体育教学目标为依据。

体育教学活动的开展是以体育教学目标为依据的,如果教学活动与教学目标保持一致，就容易取得理想的教学效果，反之，则很难取得理想的教学效果。因此，在开展体育教学活动的过程中，一定要把握体育教学目标的这一导向性特点，制定出合理的教学目标。

2. 系统性特点

体育教学目标还具有一定的系统性特点。一般来说，体育教学目标主要包括认知目标、技能目标、情意目标、能力目标等各方面的内容。尽管体育教学目标中各个小的目标的内涵不同，存在着一定的差别，但它们都会对体育教学目标产生极为重要的影响。体育教学目标中的各个小目标特色各异，各具优势，将他们综合起来全盘考虑，能保证体育教学中学生身心发展的全面性。由此可见，体育教学目标系统内的各个具体目标之间也是相互联系在一起的，彼此之间相互促进、相互推动，共同推动着体育教学目标体系的完善与发展。

3. 层次性特点

总体来看，体育教学目标的层次性主要体现在以下两个方面：

一方面，体育教学目标的实现需要一个过程，这一过程呈现出显著的渐进式特点。一般来说，较高层次目标可以分化为较低层次的目标，而较低层次的目标往往是较高层次目标的基础或手段，由此可见，层次性是体育教学目标的一个重要特点。

另一方面，体育教学目标的实现有赖于体育教学手段的利用，体育教学所面对的是多个学段的学生，具体的体育教学目标会因教学对象的不同而具有一定的差异。如对于小学生而言，发展其基本的运动能力、培养体育学习的兴趣是本阶段的主要目标；而对于大学生而言，提高其终身体育的能力，发展体育个性，提高社会适应能力则是重点。从这一方面来讲，体育教学目标就具有明显的层次性特点。

4. 可行性特点

可行性也是体育教学目标的一个非常重要的特点，这些特点对于体育教学活动的顺利进行是非常有利的。因此，在制定体育教学目标时，一定要遵循与实际相符的原则，要考虑制定出的教学目标是否切合实际，能否具有一定的调整余地，只有具有一定调整余地的体育教学目标才能结合具体的实际进行合理的及时的调整，从而保证体育教学活动的顺利开展。

5. 灵活性特点

灵活性也是体育教学目标的一个重要特点。体育教学目标的灵活性是指，体育教学目标并不是固定不变的，而是可以随着学校、班级、课程的不同而做出合理的调整与改变，这就使得体育教学目标具有灵活性的特点。通常情况下，体育教学目标的灵活性特点主要表现在两个方面：

一方面，根据教学实际合理调整教学方案有利于体育教学目标的达成，而体育教学目标也有一个适宜的调整空间。

另一方面，体育教师根据学生的具体情况提出与学生实际水平相适应的分类目标是较为有益的。由此可见，体育教学目标具有一定的灵活性特点，这对于体育教学目标的调整与完善具有重要的意义。

6. 共同性特点

共同性也是体育教学目标的一个重要特点。在具体的体育教学中，体育教学目标是师生双方合作实现的共同目标，它针对的是体育教学中的主体——教师和学生，只有师生之间密切合作，才能实现教学的目标。因此说，体育教学目标具有共同性特点。

（二）体育教学目标的功能

1. 定向功能

上面我们已经分析到，体育教学目标具有重要的导向作用，这也是体育教学目标定向功能的体现。体育教学目标直接指导体育教学活动，同时也制约着体育教学结果。体育课程教学实践活动的开展与实施是以课程教学目标为方向标的，课程教学目标指引课程教学活动的发展方向，引导课程教学活动的发展轨迹，规定课程教学活动的结果。体育教师不管是确定课时教学目标，还是设计教学活动，组织教学，都要以课程教学目标为依据。

2. 控制功能

体育教学目标还具有重要的控制功能，这一控制功能主要表现在体育教师可以参考体育课程教学目标，可以修正自己的教学行为，控制整个教学过程。体育教学活动具有一定的动态性特点，体育课堂教学是在不断变化中进行的，对此体育教师一定要重视起来。教师参考体育课程教学目标，可以获得反馈信息，从而对体育教学活动中的偏差进行及时的调整。明确的体育教学目标可以更好地控制整个体育教学活动。对体育教学主体而言，体育教学目标更像是一种约束力量，将各方面力量凝聚起来，为共同的教学目标而奋进。因此确定一个明确合理的教学目标至关重要。

3. 激励功能

体育教学目标还具有重要的激励功能，这一功能是指一旦确定了体育教学目标后，就能够将学生的学习积极性和学习动力激发出来，使学生产生实现目标的需求与渴望，简单来说，一个科学合理的体育教学目标能有效激发学生学习体育的兴趣，从而促进教学质量的提高。

为激发学生学习的兴趣，首先就要让学生了解预期的学习成果，明确成就的性质，这样才能促使其为了目标而付诸行动，行动结束后，参照预期的目标，学生可以获得成功的喜悦，获得成就感，或在失败后找到不足，吸取失败的教训。

4. 评价功能

在体育教学中，体育教学评价活动的进行也要以教学目标为主要依据，只有确定了体育教学目标才能进行评价，由此可见体育教学目标的重要性。课程目标是对教学结果的预先规定，在对体育教学活动是否成功、有效进行测量、检查和评价时，需要以教学目标作为评价尺度或标准。体育教学是一个序列活动，是一个完整的系统，由多个因素构成和多个环节连接而成，体育教学活动的测量和评价是这个教学系统中非常关键的一个环节。它既要确定预定的结果——是否实现或达到教学目标，又要确定目标达成度，还要获得反馈信息来调整目标，这些都要参照已经制定的目标。

三、体育教学目标体系构成

总体而言，一个完整的体育教学目标体系主要包括学校体育目标、体育教学总目标、单元目标和课时目标等几个部分。

（一）学校体育目标

学校体育目标可以说是处于体育教学目标系统的最顶端，在体育教学目标体系中占据着非常重要的地位。

我国学校体育教育的目标如下所述：

（1）全面锻炼学生的身体，增强学生体质；

（2）掌握体育与卫生保健的基本知识、基本技术和基本技能；

（3）进行思想品德教育，促进学生个性的全面发展；

（4）提高学生的运动技术水平，为国家培养体育人才。

（二）体育教学总目标

体育教学目标在体育教学发展的过程中扮演着十分重要的角色，它是依据体育教学目的而提出的预期成果。这个预期成果可分为阶段性成果和最终成果。阶段性成果是体育教学的阶段目标；最终成果是阶段性成果的总和，即体育教学总目标。体育教学总目标起到重要的总领全局的作用，一般情况下可以将其分为以下三个部分：

（1）实质性目标：使学生掌握一定的体育知识和技能；

（2）发展性目标：全面锻炼学生身体，促进学生身心全面发展；

（3）教育性目标：培养学生正确的世界观，形成学生健康的个性品质。

具体而言，体育教学总目标主要体现在以下几方面：

1. 全面锻炼身体，增进身心健康

体育教学要不断提高学生的身体技能、身体素质、基本运动能力和适应能力，促进学生身心全面发展。

2. 掌握体育的基本知识、基本技术，提高运动能力

（1）掌握体育、保健的基础理论知识；

（2）掌握从事体育锻炼、体育娱乐、卫生保健和其他社会体育活动的必要技术、技能与方法；

（3）增强学生的体育、卫生保健意识，进一步培养学生的体育兴趣和锻炼习惯；

（4）提高学生的体育、卫生保健能力，为终身体育奠定必要的基础。

3. 培养学生良好的思想品德，陶冶学生情操

（1）对学生进行爱国主义、社会主义、集体主义的教育，提高学

生积极参加体育锻炼的社会责任感，培养学生的组织纪律性；

（2）发展学生个性，培养学生竞争意识，增强创新、合作和应变能力，以及自强自立、顽强拼搏和进取精神；

（3）培养学生分辨是非的能力和文明行为；

（4）建立健康的审美观，培养学生的审美意识与能力。

（三）单元目标

单元是指一门课程中相对独立、完整的组成部分，它反映着课程编制者或教师对这门课程或概念体系结构的总的看法，以及在此基础上对这种结构按照教育科学的要求所做的分解和逻辑安排。单元目标是体育教学设计的主要依据，能有效地提高体育教师开展教学活动。

总的来说，我国体育课程的标准都是由一系列单元目标组成的，相互关联，单元目标是对该单元教学的具体要求。单元目标一般是由教师参照课程标准和教学参考用书，并结合学生实际来制定，还要兼顾到个别学生的经验和特点。

按照体育教学的任务划分，可将体育教学的单元目标分为以下三种类型[①]。

1. 独立型单元教学目标

这一教学目标中各单元的学习任务是相对独立的，它们在顺序上可以调换位置。例如，体育教学中不同运动项目的教学。

2. 阶梯型单元教学目标

这一教学目标中，一些学习任务是另一些学习任务的基础，根据递进要求将这些学习内容组成不同单元，然后排出顺序，这个顺序不能随意改动。例如，基本技能教学和专项技能教学。

① 张志勇．体育教学论[M]. 北京：科学出版社，2004.

3. 混合型单元教学目标

这一教学目标中有的学习任务是相对独立的，有的是有前后关系的，我们同样可以将这些学习任务按要求组成单元。

（四）课时目标

课时是体育教学活动的基本单位，课时目标即每一堂课的教学目标，它是对单元目标的进一步具体化，关系到每一次具体的教学活动。体育教学总目标通过逐步具体化，最终在每一堂课中得到具体实施，从而得以实现。

体育教师在制定课时目标时，可以采用以下几种方法。

1. 目标分解法

对于某一个体育教学目标而言，它就是一个整体，教学目标自上而下的分解过程就是一个不断具体化的过程。由于下位目标是为实现上位目标服务的，任何下一级教学目标的确定必须以其上位目标为依据。所以课时目标作为教学目标体系中最为具体的目标，想要设计好这一目标，就必须要明确其上位目标——单元目标及其相互关系，要充分了解其分解的过程。

在体育教学中，体育教学目标的分解，实际上只是将课程教学目标分解成单元教学目标，以便为课时教学目标的设计提供必要的依据。

2. 目标表述法

体育教学目标设计时，必须对学习者通过每一项从属知识和技能的学习后应达到的行为状态作出具体、明确的表述，再将这些表述进行类别化和层次化处理。

体育教师在描述体育教学目标时，必须要注意教学目标陈述的具体、可操作、可测量性，要能有效地反映学生的学习结果。

3.起点确定法

要想制定一个科学合理的体育教学目标,体育教师必须仔细地分析教学对象,这一环节非常重要。在分析教学对象时,要高度重视对学习对象学习起点的分析,即确定教学的起点。教学起点的确定,直接关系到教学目标的作用发挥和教学的有效性。教学起点定得太高,可能导致课时教学目标过高,使教学脱离大多数学生的实际需要;教学起点太低,会浪费学生学习的时间和精力,这样的教学目标都显得过于随意,与学生的实际情况不符。

4.任务分析法

在确定好单元教学目标后,体育教师还可以根据具体的单元教学目标进行任务分析。进行任务分析的主要目的在于对教学对象为了达到单元教学目标的规定而所需学习的从属知识(技能、能力、态度、情感),及它们的相互关系进行具体的解剖,这就是任务分析法的利用。只有如此才能制定出科学、合理的教学目标。

第二节 体育教学目标的编制

一、体育教学目标编制的依据

(一)以人体的发育规律为依据

调查发现,当前我国高校体育教学目标的编制还存在一定的问题,受教育者的身体发育存在着一些问题,这阻碍着体育教学目标的编制。一般情况下,人体发育有几个敏感期,这些敏感期对体育素质的培养有着非常重要的作用,抓住这几个敏感期进行体育教学可以达到事半功倍的效果。近几年的调查研究发现,按照我国国民的个体发育规律,各项素质发展的最高峰的年龄主要集中在学生时期。体育教学可以充分满足学生的身心发展需求。其间,要制定更加系统、合理、科学的体育教学计划,这样才有利于体育教学目标的实现。

(二)以个体参与体育运动的兴趣与能力为依据

在高校体育中,在当今素质教育实施的背景下,要想取得理想的教学效果,就要采取各种手段与方法激发学生参与体育运动的兴趣。而要想提高学生的学习兴趣,就要根据学生生理、心理和智力特点,将体育运动的趣味性、目的性、对抗性等相结合,使学生由浅入深、由易到难地逐渐掌握体育运动知识,从而获得参与体育运动的基本能力。除此之外,体育教师还要引导学生提高自身的体育鉴赏能力,使体育运动成为学生终身的爱好。这对于学生终身体育习惯的养成具有重要的意义和作用。

(三)以促进个体综合素质的全面发展目标为依据

体育教学的主要目标不仅是提升学生的身体素质,促进学生运动能力的发展,促进学生综合素质的发展和提高也是一个非常重要的方面。在德育方面,一些体育运动项目要求学生克服内在和外在的双重障碍,培养学生坚定的意志和顽强的毅力。无论遇到怎样的困难都要遵循道德规范和准则,努力实现自己的目标。在智育方面,很多体育运动项目都要求运动者具有高速判断、分析、思维、想象的能力,让运动者智力得到良好的开发。在美育方面,体育本身就是健康美、形体美的代名词,无时无刻不在培养学生对美的感受能力、鉴赏能力、表现能力以及创造能力。因此,在制定体育教学目标时要选择合适的教学内容,确保学生的各项素质都能得到很好的发展。

二、体育教学目标编制的程序

（一）体育教学目标编制的步骤

1. 分析体育教学对象

分析教学对象是编制体育教学目标的一个重要步骤。学生的学习需要是指学习者学习成绩、学习态度等的现状与体育教学目标之间的差距。分析学习者能力与条件是指分析学生在体能、运动技能、体育知识等方面已经具备的能力与条件。总之，只有在充分分析学生学习需要与能力的基础上才有可能制定出合理的教学目标，这一步骤必不可少。

2. 分析体育教学内容

在分析教学对象的基本情况后，还要仔细地分析体育教学内容。要认真分析体育教学内容的特点与功能，这是因为制定具体的体育教学目标终归离不开具体的体育教学内容。教学内容的不同自然带来不同的特点与功能。无目标的体育教学内容，注定也就没有教学内容的目标。因此这一步骤也是尤为重要的，不能忽视。

3. 编制体育教学目标

在对教学对象和教学内容进行充分的分析后，就可以制定体育教学目标了。体育教学目标是指导体育教学活动设计、实施和评价的基本依据，它通常在“单元”或“课”的教学计划中按照课程的水平目标分别陈述。编制体育教学目标要依据具体的教学实际进行，不能盲目。

（二）体育教学目标的陈述

一般情况下，体育教学目标的陈述应包括以下内容。

1. 明确目标的行为主体

体育教学目标注重学生学习产生的变化和结果，而不应是像以往那样单纯以教师的“教”为行为主体的过程。因此，体育教学要以学生作为行为主体。我们在进行体育教学目标的陈述时也要重点突出这一行为主体。

2. 准确使用行为动词

一般情况下，我们在进行体育教学目标的陈述时，应采用行为动词来描述体验性目标和结果性目标，以区分学习结果的层次性。

3. 规定学习条件

体育教学目标的陈述少不了教学条件的描述，这是一项非常重要的内容。体育教学设计的准备工作和体育资源较多，这些都是体育教学中不可或缺的内容，就教学条件来讲一般包括情景、环境和信息等三大条件。

4. 说明预期效果

体育教学目标的陈述中必须要有经过教学活动后预期达到的效果。另外，在对预期效果进行描述时要以学生为主体，通常采用肯定的语气进行描述，要说明体育教学目标预期的效果，确保体育教学目标编排的有效性。

（三）体育教学目标编排的要求

1. 注意体育教学目标的连续性

体育教学目标不是在短时间内就可以实现的，它需要通过若干年级目标、单元目标、课时目标的实现最后才得以实现。体育教学目标在不同年级之间、同一年级前后之间、不同单元之间等既有一定的独立性，又有相互联系与影响。因此，制定体育教学目标时一定要注意各个小目标之间的联系，注意其连续性。

2. 注意体育教学目标的层次性

体育教学目标内容体系非常完整，体育情感目标、认知目标、运动技能目标等都是非常重要的目标，在制定总的体育教学目标时要体现出层次性。

3. 注意体育教学目标的可操作性

体育教学目标的制定还要具有一定的可操作性，这样才能有利于体育教学目标的实现。一个具有可操作性的体育教学目标，有利于给体育教学活动的过程以清楚的导向，并且目标制定得还要便于最终对教学效果进行评价；另外，体育教学目标还要便于测量和评价。如此制定出的体育教学目标才是合理的，能保证体育教学活动的顺利开展。

（四）体育教学目标编制的注意事项

1. 体育教学目标应具有教育价值

在制定体育教学目标时，要重视其教育价值的彰显。在实际的体育教学中，有些体育教师过于强调目标分解和细节。结果制定了一些体育价值并不大，甚至没有价值的目标，这极大地影响了体育教学效果。

2. 体育教学目标应与体育课程目标相关

体育课程目标是体育教学目标的上位目标，每一个下位目标都必须与上位目标有机衔接，并与之相一致。

3. 体育教学目标应与学生实际情况相适应

在制定体育教学目标时，要充分考虑学生的学习需要、学习能力、运动基础等方面，这是制定体育教学目标的重要基础，只有如此才能制定出合理的体育教学目标。

4. 体育教学目标的描述应准确直白

只有当体育课程教学实施的人能像目标制定者那样理解目标要达到的结果时，这样的教学目标才是有效的，才符合现代体育教学的要求。

5. 体育教学目标应找到学生与内容的结合点

制定体育教学目标时还要充分考虑教学对象和教学内容两个因素。要使目标符合学生的实际，学生能通过自身的努力实现教学目标。

6. 体育教学目标应注意及时调整

体育教学过程中涵盖着各种因素，整个体育教学中会发生一些意外情况，这是不可避免的。因此制定的体育教学目标还要有一定的空间，有可调整的余地。

三、体育教学目标编制的原则

在制定体育教学目标时需要遵循以下几个方面的原则。

（一）整体性原则

编制体育教学目标时，要遵循整体性的基本原则，这一原则的要求如下所述：

第一，要能从整体上把握体育课程目标和体育教学目标；

第二，在把握体育课程目标和体育教学目标的基础上，将学校教育目标和体育课程目标的总体要求充分反映出来；

第三，认真处理好体育教学目标体系中一般与具体的关系，为编制科学的体育教学目标奠定良好的基础。

（二）科学性原则

在制定体育教学目标时，一定要遵循科学性原则，这一原则主要从以下几个方面得到体现：

第一，充分体现体育学科的特点；

第二，体育教学目标要与教育的规律和学生身心发展的规律相符；

第三，体育教学目标要以教材的特点为依据，将重点和难点突出出来；

第四，体育教学目标要具体、可操作；

第五，体育教学目标要难度适中。

一个合理的体育教学目标能有效地激发学生的学习动机和欲望，制定的教学目标过高或过低，都不利于学生体育学习积极性的培养，因此制定体育教学目标时一定要把握科学性的原则。

（三）灵活性原则

体育教学目标的编制一定要做到难度适中，便于学生去实现。但是，由于不同学生在体育基础和能力等方面或多或少都存在着一定的差异性，因而，这就要求体育课堂教学目标还要具有一定的灵活性。具体来说，就是要求教师尽可能将教材按照难度设立不同等级，这一等级的确立要以学生的具体实际为依据。

（四）可测评性原则

在编制体育教学目标时还要遵循可测评性的基本原则。这一原则就是指所确定的体育课堂教学目标是通过一定的内容和方式能比较客观地进行评价和检测。这样才是有意义的体育教学目标。

四、体育教学目标编制的方法

一般来说，一个完整、规范的体育课堂教学目标，往往是由四个要素构成的，下面就对这四个方面加以分析。

（一）行为主体

在体育教学中，所谓的行为主体就是指教学对象，也就是学生。因此，体育教师在制定体育教学目标时，要围绕着学生这一行为主体进行。所以，对学生的行为加以描述就显得非常重要且必要了。一般来说，对行为主体的表述，应该对教学对象的构成进行明确的说明，做出正确的表述。

（二）行为动词

在体育教学中，在对学生的学习情况进行描述时，需要用到一些行为动词。这些行为动词的利用一定要合理。一般情况下，可以将行为动词大致分为以下几类：

（1）认识类的行为动词，其中，指出、知道、了解、理解等是最为常见的代表；

（2）动作技能类的行为动词，其中，模仿、练习运用、熟练使用、改编、创造等是最为常见的代表；

（3）情意类的行为动词，其中，注意、接受、同意、遵守、服从等是最为常见的代表；

（4）身体素质类的行为动词，较为具有代表性的如提高、改进、发展等。

以上都是常见的描述体育教学情况的行为动词，体育教师一定要合理地利用这些行为动词，对学生的学习情况做出客观准确的描述。

（三）行为条件

对学生学习结果产生影响的特定限制或范围等，就是所谓的行为条件。行为条件主要包括以下要素：

（1）时间和速度因素；

（2）环境因素；

（3）作业条件因素；

（4）教学组织形式因素；

（5）信息因素；

（6）完成行为的情景等。

（四）表现程度

表现程度是指学生对教学目标所要达到的最低表现水准或标准，其主要作用在于对学生的表现或学习结果所达到的程度进行评价。通常情况下，会采用定量的指标或者标准来表述表现程度。需要强调的是，对情意类目标表现程度的表述难度相较于其他领域来说要大一些，也不容易作业化和具体化，因此，往往会采用定性的语言，这对于包含较复杂的、高层次的情意行为是有所助益的。除此之外，体育教师还要学会通过教育观察来描述学生内心情感的变化，语言的描述一定要具体和细致，不能抽象和模糊。

在编制体育教学目标时，一定要注意体育教材的不同特点。除此之外，行为目标对体育教学中学生能力和情感等的发展进行预期和衡量，这是不能完全做到的，有些活动目的本身并不能具体化为目标。这一方面也要高度重视起来。

体育教学目标的确立需要借助于一定的手段和载体，而体育课堂教学就是这样的手段和载体。一切教学目标的实现都依赖于体育课堂教学，因此在制定体育教学目标时一定要以此为重要的依据，千万不能忽视。

第三节 素质教育视角下高校体育教学目标的优化与发展

当今,我国学校体育教育可谓进入了一个素质教育阶段,素质教育这一理念逐渐渗透进学校教育的各个层面。在素质教育背景下,体育教学目标需要进行一定的重构和优化,这样才符合不断发展着的体育教学理念,符合学校体育教学的要求。

一、高校体育教学目标实现的途径与要求

(一)高校体育教学目标实现的途径

一般情况下,体育教学目标的实现可以依靠以下几个途径。

1.体育课

体育课是以教育部制定的教学计划为依据而开设的。体育与健康课是系统地对学生进行体育教育的课程。体育的基本组织形式也是体育与健康课。

一般来说,体育课具有以下几个基本特征:

(1)体育课的课程标准有一定的规定,授课班级也相对固定;

(2)体育教师比较专业,体育教学场地、教学设备与器材比较完备;

(3)体育课的测试与考核内容是必不可少的。

2.课外体育活动

我国体育目标得以实现的重要组织形式之一是课外体育活动。课间操、体育锻炼、早操、课外体育训练、课余体育竞赛以及在校外进行的郊游(夏令营、冬令营)等是课外体育活动的重要形式。

一般来说，课外体育活动的意义主要体现在以下几个方面：

（1）通过参加课外体育活动，能有效提高学生学习体育的兴趣，帮助其养成自觉参与体育锻炼的意识和习惯；

（2）通过参加课外体育活动，有利于学生运动能力的提高，对学生自觉锻炼身体的意识和习惯具有积极的培养作用；

（3）通过参加课外体育活动，有利于学生体质的增强，能够发展学生的体育兴趣与爱好；

（4）通过参加课外体育活动学生的课余体育生活能够得到丰富，学习和生活的质量等也会有所提高。

3. 其他体育健身活动

其他体育健身活动是指在教育的各个环节中开展的有利于学生增进健康、增强体质的活动。这些健身活动也是实现体育教学目标的主要途径。如参加体育文化节、社区的各种体育比赛等。

（二）高校体育教学目标实现的要求

高校体育教学目标的实现要满足以下几个方面的要求。

1. 体育教学目标要面向全体学生

在新的时代背景下，体育教学要坚持全面贯彻国家的教育方针、体育方针、政策、制度与措施，为现代化建设培养全面发展人才服务的基本方向。学校要转变传统的体育教育观念，将应试教育改为素质教育，正确处理好体育与德育、体育与智育、体育与美育等之间的关系，将体育教育放在一个非常重要的位置。

体育教育要面向全体学生，要能促进全体学生的健康发展。在具体的体育教学中，要积极动员和组织全体学生参加各项体育活动，使全体学生都享有体育的权利，从而使他们获得身心的全面发展。在体育教学实践中可能会遇到一些有生理缺陷或因有某些疾病不能正常参加体育活动的学生。面对这个群体时也不能疏忽，而是要采取有针对性的措施和手段帮助其促进身体素质的提高。这就是体育教育要面向全体学生。

2. 把握好继承与发展、学习与创新的关系

当今社会的发展非常迅速，为适应社会发展的要求，我们必须要加快体育教学改革的步伐。体育教学要根据《中国教育改革和发展纲要》和《中共中央国务院关于进一步加强青少年体育提高青少年体质的意见》的要求，深化体育改革，从我国的国情和实际情况出发，正确处理继承与发展、学习与创新的关系。通过认真总结我国体育工作的有益经验，继承和发扬我国民族传统体育，并加强国际体育的交流和学习，借鉴适合我国国情的国外体育先进理论与经验，从而加速我国体育教学的改革进程，把握好这些内容才能制定出科学合理的体育教学目标。

3. 加强体育的教学研究工作

为促进我国高校体育教学目标的实现，还要加强体育教学的研究工作。在我国，由于地域广阔，不同地区、学校面临的实际问题也各不相同，这就导致各级各类学校的体育基础极不平衡。因此，加强体育的教学研究工作十分重要。只有如此，才能制定出合理的体育教学目标，才能更好地实现这一教学目标。

4. 保证体育教学的必要物质条件

物质决定意识，体育教学活动的开展也是建立在体育教学场地、体育教学器材与设备等基础之上的，因此要实现体育教学目标，还要保证充分的体育教学物质条件。如果这些物质条件不存在，那么体育教学就失去了存在的意义。体育教学物质条件是实现体育目标的重要保证。在实际体育教学中，各学校都要认真配备和积极改善体育的器材设施。

为保证体育教学活动的顺利开展，教育部门每年也会安排专门用于购置体育教学所需器材或翻新、改建体育场地的经费予以支持。他们把体育经费纳入核定的年度教育经费预算内，配置必

要的体育器材和场地设施。在经费投入的基础上,还要求各级学校根据平日所需合理规划专用资金,将现有设备尽可能地最大化利用,以避免资源重复浪费,并且还要在充分利用现有体育器材设施的基础上,坚持自力更生、因地制宜地设置体育设备器材,这样才能为体育教学活动的顺利开展提供良好的保障。

5. 加强体育师资队伍建设

体育教师是体育知识及技能的传授者,在体育教学中扮演着极为重要的角色。鉴于体育教学与其他学科教学的差异,体育教师在课堂上或是体育活动中除了传授外,还要随时留意每位学生的表现,留意的内容一方面为学生在练习中是否存在不合理的动作,另一方面则是观察是否存在某些不安全的隐患,这都给体育教师提出了很高的要求。

据调查,目前我国体育教师的缺口正在逐渐加大,这与我国体育人才的全面培养与发展的要求是不符的。目前,我国学校体育教师队伍存在数量不足、质量不高的问题。因此,要想达到适应深化体育教育改革的要求,就必须大力加强体育师资队伍建设,注重对现有体育教师和即将从事体育教师职业的人员进行培训,以求不断提高体育教师的思想与专业技能水平。从实际情况来看,要想使体育教师能够安心做好本职工作,钻研体育教学方法,对其进行思想教育是很重要的。但体育教师也是要生存的个体,这就需要在思想教育的同时还要进一步切实改善体育教师的工作和生活条件,完善薪酬制度,不断提升体育教师工作的积极性,这对于体育教育质量的提升具有积极的意义。

6. 加强学校体育工作的组织领导,科学管理

为促进体育教学目标的实现,还要不断加强对学校体育工作的组织领导,这需要做到以下几个方面:

第一,要建立学校体育的组织管理机构,加强对学校体育工作的指导和检查;

第二,要认真贯彻执行《学校体育工作条例》和《学校卫生工作条例》,并结合实际情况,研究出具体的实施细则,制定出必要的规章制度和科学的评价标准;

第三,对学生的体质健康要做好充分的检查,保证学校体育工作的规范化,提高体育工作的效率。

7. 用整体观点开展学校体育工作

学校体育工作是一项系统工程,学校体育整体效益的实现才能促使学校体育目标的整体实现。

(1)坚持课内与课外相结合

一般来说,除了每周两节体育课外,还必须积极开展早操、课间操、班级体育锻炼、课余体育训练等课外体育活动,使学校体育课内与课外活动相结合,为学生身体素质的发展提供良好的保障。

(2)坚持普及与提高相结合

学校体育工作要做到以普及为主,在此基础上提高,在提高的指导下普及。学校体育要从学校的实际情况出发,通过对部分有运动才能学生的课余体育训练,提高他们的运动技术水平和运动能力。此外,用整体观点开展学校体育工作,还应包括合理安排学生的作息制度。

(3)学校体育要与健康教育、卫生保健工作相结合

学校体育工作与卫生保健工作是保证学生身心健康成长的两个重要方面,必须统筹安排,紧密结合。这需要做到以下两个方面的要求:

一方面,教给学生科学锻炼身体的知识与方法;另一方面,向学生传授系统的体育卫生保健知识,进行安全、健康教育,使身体锻炼与保健养护有机结合,促进学生各项素质的发展和提高。

二、素质教育视角下高校体育教学目标优化与发展的对策

素质教育是符合现代教育要求的一个重要的教育理念,在这

一理念之下,高校体育教学目标需要不断优化与发展,这样才能跟上时代发展的步伐。在素质教育视角下,体育教学目标的优化与发展可以采取以下对策。

(一)结合具体的教学实际明确体育教学目标

体育教学目标的优化首先是建立在一个科学合理的体育教学目标基础之上的,可以说明确体育教学目标是体育教学工作的首要任务。整个体育教学应该以学生终身体育意识能力的培养为核心。高等教育阶段对于学生素质的成长与发展,以及学生个性的形成都有着非常重要的影响,而体育教育也是学生接受学校体育教育的最高层次和最后阶段,也是学生由学校进入社会的重要转折点。因此,体育教学的主要目标是培养学生的综合素质和终身体育意识。对学生的体育兴趣和能力给予足够的重视和科学培养,使学生养成终身参与体育锻炼的意识和习惯。只有根据具体的教学实际确定好教学目标,才能在后续的教学工作中不断地进行优化与完善。

(二)深入研究体育教学中的各个层次目标

体育教学目标属于一个完整的体系,这一体系涵盖各种各样的要素,我们可以从系统论的角度来分析体育教学各个层次的目标。由于体育教学在各个层面上都存在着如学段教学、水平教学、学年教学、学期教学、单元教学和课时教学等子系统,而这些子系统的目标之间既存在着一定的联系,又有着较大的差异性,同时也存在着相互包含的关系。在过去传统的教学过程中,大部分的精力都放在课时教学、单元教学和学期教学方面,而很少从学年教学、水平教学、学段教学等方面进行综合考虑,因此容易顾此失彼,缺少从系统整体的角度来关心和促进学生的身心发展。在具体的教学实践中也存在着这种非常明显的现象,如在体育教学目标的指导下,各个年龄阶段的体育教材内容都存在着大量的重复现象,这对教学资源来说是一种浪费。因此,对各个阶段学生的身心发展规律、学生的运动需要、教学目标的制定和教材内容的安排等进行深入的研究是非常重要的。通过对各个层次目标的研究有助于体育教师更好地把握体育教学情况,从而为体育教学目标的优化奠定良好的基础。

(三)深入研究学生身心发展目标的逻辑性

在具体的体育教学过程中,学生身体与心理的发展是和谐统一的关系。其中,身体是体育教学特质的直观体现,而心理则能够更好地体现出体育活动中学生身心的联动性。心理发展是在身体活动的基础上进行的,如果脱离了身体活动或运动,心理发展与体育教学过程中的心理发展就不再是同一概念了。促进学生身体的发展是体育教学活动的主要目标;而在促进学生身体发展的过程中,心理变化的特殊作用在体育教学活动中的有效发挥,能够很好地促进和延伸学生的心理健康与社会适应能力。

综上所述,体育教学的主旨就是要在向学生传授运动技术的过程中,促进学生的身体、心理和社会适应能力的全面发展。大量的实践表明,长期坚持参加体育运动锻炼,能促进人体各项素质的发展,这也是体育教学目标制定的要求。在制定与优化体育教学目标时也要深入研究体育教学目标各要素的逻辑性,从而促进自身的发展。

(四)处理好育人与知识传承两个目标之间的关系

体育课堂教学是体育教学目标体系中的重要内容。学习和掌握知识与技能是所有学科教学的共性特征。就体育学科来说,体育教学的知识传承目标就是要熟练地掌握体育运动技能,但是如果仅仅只是传授和学习运动技术、掌握多项运动技能是远远不够的,与其他学科的教学一样,体育教学也承担“教书育人”的使命。“教书”是指体育知识与技能的传承;“育人”是指根据体育学科教学的特性,来达到培养和教育学生的目的。因此,在对体育教学目标进行制定的过程中，除了要将传授体育的基础知识和体育技术、技能作为体育教学目标外，还要在体育教学中体现出育人的目标，这个目标可以不必明确地列出，但不能缺少这个目标。否则就难以培养出高素质的体育人才。因此，在制定与优化体育教学目标时一定要处理好育人与知识传承之间的关系。

（五）深入研究体育教学运动技能目标的特性

体育教学活动一个重要的目的就是传授学生运动技能。帮助学生学习和掌握运动技能是一个非常重要的目标。学生通过体育教学可以将掌握的运动技能变成一种“手段”，其目的就是健身、娱乐、减压等。由此可见，体育运动技能具有双重性，在不同的情形中，可以实现手段与目的之间的双向转化。在体育教学中，其主要目标是运动技能的传授和学习，而促进学生身心全面发展的目标是在传授和学习运动技术的过程中得以实现的。

（六）构建具有较强操作性的体育课堂教学目标

体育课堂教学目标是体育教学目标体系的一个重要组成部分。关于体育课堂教学目标，先后经历了“三点论”“五点论”，再到“四点论”的发展过程。其中，“三点论”主要包括掌握运动技能、增强学生体质、思想品德教育；“五点论”主要包括身体健康、运动参与、心理健康、运动技能、社会适应，它是从课程目标中转化而来的；“四点论”主要包括身体健康、运动参与、运动技能和心理健康。

综上所述，以上各个阶段的目标都具有一定的共性，只不过所表述的形式不同而已，如都是要促进学生身体的发展，掌握运动技能也是不变的，进行思想品德教育与心理社会适应也是相同的，只不过目前在此基础上又增加了一个“运动参与”。从上述体育教学目标的变迁来看，体育教学目标的变化都是万变不离其宗的，其基本内容是不会改变的。体育教学的基本单位是体育课堂教学，自然体育课堂教学目标有着较高的使用频度，因此现代体育教学理论工作者和实践工作者最应该关注的是如何才能制定出科学、简便、实用的体育课堂教学目标，这样才能为体育教学目标的优化奠定良好的基础。

第五章　素质教育视角下高校体育教学内容的挖掘与发展

在素质教育背景下，高校体育教学内容也越来越丰富，多样化的教学内容为学生提供了多种选择，学生可以依据自己的喜好自由选择教学课程。由此可见，学生的主体地位受到高度重视。这非常符合现代学校教育的要求。为更好地实施素质教育，还需要进一步挖掘与开发体育教学内容，构建一个更加健全与完善的教学内容体系。

第一节　体育教学内容理论体系

一、体育教学内容的含义与特性

（一）体育教学内容的含义

体育教学内容是将学校体育教育的目的和任务作为前提，对各种身体练习、运动技能学习和教学比赛等进行一系列加工之后，在课程上以教学形态的方式呈现出来的总称。其内容主要包括两大类，即体育基本知识学习和身体练习。同一般的文化课教学相比，体育教学呈现出一定的独特性，具体表现如下所述。

1. 体育教学内容有别于一般的教学内容

与一般的教学内容相比，体育教学非常重视教学内容的选择与加工。它需要以学校体育教学目标为基础,根据学生发展需要和教学条件来完成,主要是以大肌肉群活动的形式来进行教学,其目的是促进学生身体素质的发展。

一般的教学内容与体育教学内容之间有着比较大的区别。例如,语文、数学是一般教育内容,这些学科的知识的媒介不是运动,培养目标也不是大肌肉群运动或形成运动技能。而对于军训、劳技等活动来说,这些教学形式和内容同身体活动有着密切的关系,其中还伴有大肌肉群运动,有的主要目标也是技能形成,但是它们并不是学校体育教学的内容,其中主要有两方面的原因,一是这一部分内容并不是在体育教学环境下进行的；二是这部分内容并非以提高学生的运动技能为目标。

2. 体育教学内容与竞技体育训练内容的目的不同

体育教学内容与竞技体育训练之间也有着明显的区别,那就是体育教学是学校体育课程教学内容的主要目的,而竞技体育训练的主要目的则是提高运动水平和比赛成绩。例如,奥林匹克运动会中的田径运动,其目的是夺取竞技胜利,其内容体系是按照公平竞赛的原则进行组织和加工的,通过田径来实现教育的目的不是它所考虑的问题,因此也就不需要从教育的角度出发进行改造；而作为教育内容的田径运动,要实现目的,必须进行改造,而且在改造的过程中还要以不同阶段的教育目标为依据,充分考虑教育者的具体实际以及体育场地、器材与设施等情况。

综上所述,学校体育教学内容与其他教学内容之间存在着不小的差异。虽然学校体育课程教学内容最初是由体育娱乐活动、竞赛活动等内容演变而来的,但它在体系上与其有着明显的差异。正因如此,体育教学内容才形成了自身独特的特性,在素质教育背景下,体育教学内容的发展成为一项重要的工作。

（二）体育教学内容的特性

1.系统性

体育教学内容具有重要的系统性特点，这主要表现在以下两个方面：

（1）体育教学内容本身就呈现出明显的系统性特点，也就是体育运动内在的规律使内容与内容之间、项目与项目之间、技术与技术之间有着某种相关的联系和制约因素，形成学校体育课程教学内容的内在结构。因此，体育教师在编制体育教材的过程中，一定要注意体育教学内容的这一特性。

（2）对于体育教学内容而言，根据教育的目标、学生不同年龄阶段的生长发育特点、教学环境和教学条件，认识学校体育课程教学内容的内在规律性特点，系统地处理好体育教学内容各方面的关系非常重要。

2.教育性

体育教学内容是对受教育者进行教育活动的一种媒介和手段。因此当人们决定将这些身体活动选为体育教育内容之前，首先就要考虑教学内容的教育性。教育性可以说是体育教学内容的一大特性。这一特性主要体现在以下几个方面：

第一，促进受教育者的身心发展；

第二，摒弃落后的危害活动；

第三，活动过程中的冒险性和安全性共存；

第四，广泛的适应性；

第五，避免过于功利性。

3.健身性

体育教学内容还具有重要的健身特性。学生参与体育教学的过程，实质上也是学生参与体育健身活动的过程。学生在这一过程中必然会承受一定的运动负荷，而这也正好为学生提供了增强自身运动能力和健康的机会。合理安排运动负荷，能有效促进学生的身心健康发展，这是其他课程无法替代的。

4. 娱乐性

很多的体育项目都是由游戏发展而来的，因此便带有较强的娱乐特性。这些运动性游戏本身具有的趣味性、娱乐性自然会移植进学校体育课程教学内容中来。例如，足球、篮球等课程自身就带有很强的娱乐特性，而在体育课上进行的一些游戏教学更是如此。

5. 非阶梯性

一般来说，学校体育课程教学内容的非阶梯性表现在它没有像一般学科内容之间那种较为清晰的由易到难、由简到繁的阶梯性结构，以及明显的从基础到提高的逻辑结构体系。学校体育课程教学内容更多的是由众多相互平行的竞技运动项目和身体练习组成，并且还包括了繁多的理论知识素材，为学校体育课程教学内容的选择增加了难度。由此可见，非阶梯性也是体育教学内容的一大特性。

6. 运动实践性

体育教学是以身体练习为形式的教学活动，因此说运动实践性也是其重要的特性。在体育教学中，绝大部分的教学内容都是以身体练习形式来进行的。在学校体育课程教学内容的实施过程中，始终是与体育实践活动紧密联系的，学生也只有通过实践的体现，从事这些以大肌肉群运动为特点的运动，才能对所学内容进行真正的理解。如果学生仅仅是通过语言的传递，光靠看、想、听是很难达到学校体育课程教学内容所要求的水平的，必须要通过身体的实践才能掌握和提高各种运动技能，这与其他课程有着明显的区别。

7. 空间的约定性

体育教学内容还具有重要的空间约定性的特点。因为许多运动都有着自己固定的场地要求，甚至有的就是以场地来进行命名的，例如“田径”“沙滩排球”“郊游”等。也就是说，如果在教学时离开了教学项目特定的空间制约，其教学内容就会发生质的变化，甚至会失去内容本身所具有的教学意义。学校体育课程教学内容的这种空间制约性，使得学校体育教学内容对场地器材具有很大的依赖性，如果没有了这些物质条件，体育教学活动也便无法进行。

8. 人际交流的开放性

在体育教学中，有很多教学内容都是集体项目，需要团队之间的配合才能完成，如篮球、足球等课程内容。这使得学生在运动学习和比赛的过程中，需要与同伴进行非常频繁的沟通和交流。因此，相比于其他的教学内容，学校体育课程教学内容要更具有人际交流的开放性。并且还以此为基础，构成了对集体精神、竞争和协同意识培养的独特功能，使学校体育教育内容的学习过程中，教师与学生、学生与学生之间的关系更加紧密和开放，由此可见，体育教学内容表现出重要的人际交流开放性的特点。

二、体育教学内容的层次与分类

（一）体育教学内容的层次

体育教学内容的层次非常明显，这主要表现在宏观层面和微观层面两个部分。

1. 宏观层面

在宏观层面，学校体育教学内容主要包含上位层次（国家课程和教学内容）、中位层次（地方课程和教学内容）和下位层次（学校课程和教学内容）三个层次。

（1）上位层次

上位层次主要是指国家课程和教学内容。它们是由国家的教育行政部门统一规定的，体现国家的教育方向和意志。在这些体育课程和教学内容的开发上，一般具有专门性，目的是使未来公民接受基础教育之后达到一个共同体育素质。在这些国家体育课程和教学内容的开发上，条件是非常严格的，在其体育课程标准或教学大纲的制定以及教学内容的编写上，都需以不同教育阶段的性质与培养目标为根据来进行。

（2）中位层次

中位层次主要指的是地方课程和教学内容，这一层次的教学内容也非常重要。它是在国家规定的各个教育阶段的体育课程内进行开发的，它的开发是以当地的政治、经济、文化、民族等发展的需要为根据的，其开发者大多为省一级的教育行政部门或授权的教育部门。地方课程和教学内容的价值主要体现在能够使地方体育教育资源、体育基础教育的地域特点得到充分利用，进一步丰富与完善学校体育教学内容体系。

（3）下位层次

下位层次主要指的是学校课程和教学内容。这一层次教学内容对于学生而言最为直观。在这一层次中，主体是学校教师，以国家课程和教学内容、地方课程与教学内容为前提进行具体实施，并将科学评估本校学生的特点和需求，对当地社区和学校的体育教育资源进行充分利用，以学校的办学思想为依据作为基础。

2. 微观层面

一般情况下，微观层面的体育教学内容可以分为以下四个层次：

（1）第一层次

这一层次主要指的是学校体育课程标准所示的学习内容（领域）。例如，“运动参与、运动技能、身体健康、心理健康、社会适应”

是体育与健康课程标准所规定的五个学习领域。这是通过分析活动领域来表述的,它不是通常意义上的学校体育课程教学内容。

(2)第二层次

这一层次主要指的是体育课程标准所示的水平目标,如获得运动的基础知识,说出所做简单运动动作的术语。

(3)第三层次

这一层次主要指的是体育教学活动中涉及的各种硬件与软件,即"教具"。如足球场、足球器材等,这些都属于本层次的内容。这一层次就是通常意义上的学校体育课程教学内容。

(4)第四层次

这一层次主要指的是体育教学中所运用的练习方法和手段,也就是某项教学内容(如篮球)的下位教学内容。在学校体育教学中,游戏教学内容、认知教学内容等都属于这一层次。

(二)体育教学内容的分类

伴随着学校体育教育改革的不断进行,体育教学内容也越来越丰富。合理地对体育教学内容进行分类能够使教师和学生更加深刻地认识体育教学内容,更加有效地参与教学活动。

依据不同的划分标准,体育教学内容可以分为以下几类:

1. 以体育教学目标为依据进行划分

教学目标是比较常见的分类标准,在这一标准之下,可以将体育教学内容分为掌握体育运动技能的练习、掌握科学锻炼方法的练习、提高安全意识与能力的练习、发展体能的练习、发展学生心理素质的练习、提高学生社会交往能力的练习、提高基本活动能力的练习等。

需要注意的是,这一分类使得教学内容具有一定的目的性,对于打破陈旧的、以竞赛为目的的教学内容编排体系也非常有利,能帮助学生掌握丰富的体育运动知识。

2. 以体育的功能为依据进行划分

这一划分标准的主要依据是我国体育课程相关的文件，以三维健康观、体育的本质特征、体育与健康课程等五个领域的目标为依据对体育课程的内容体系进行了重新构建，体育教学内容被划分为包括运动参与、运动技能、身体健康、心理健康以及社会适应等五个方面。

3. 以人体基本活动能力为依据进行划分

这一划分标准主要是按照人的走、跑、跳、攀登、负重等进行分类，进而重新分类组合各种各样的运动项目和身体练习的方法。这一种划分方式也较为常见。

需要注意的是，这一类划分方法不会受到正规的体育运动项目条框的限制。因此，这种方法在有利于组合教学内容的基础上对学生的各种身体动作和发展基本活动能力进行发展，所以这种分类模式对于低年级的学生比较适合。但这种分类在学习掌握体育运动技能、发展体能等方面的局限性比较大，对于那些运动能力较强的学生而言具有一定的限制，不利于他们体育运动水平的进一步提升。

4. 以身体素质为依据进行划分

以身体素质为标准进行分类也比较常见，它是一种按照力量、速度、柔韧、灵敏、耐力，或者是按照与动作技能相关的体能，力量、速度、灵敏、平衡、协调、反应时；或者是按照与健康相关的体能，身体成分、肌肉力量、心肺耐力、肌肉耐力、柔韧性等进行分类，进而对各种各样的运动项和身体练习进行重新分类组合。

这一划分标准针对性很强，非常有利于学生身体能力的提高，同时还能有目的地发展学生的体能素质。但此分类方法也有一定的弊端，那就是在体育运动项目当中，许多项目并不是以提高某一方面身体素质为前提的，因此对待这类项目时这种分类显得比较模糊，而且这种分类方法还可能会使学生对体育文化的认识存在一定的误区，不能很好地理解体育文化的内涵。

5. 以运动项目为依据进行划分

这一分类标准主要是依据各个运动项目的名称和内容进行划分，大致可以分为球类、体操、田径、武术、体育舞蹈、冰雪运动、水上运动等，对各式各样的运动项目以及特点加以详细的划分，是当前体育教学中较为常见的一种划分标准。

这一划分标准具有一定的合理性，对于学生了解和掌握体育运动文化具有非常大的帮助。但是这种分类方法将导致一些在教育上可能有突出作用，但并没有被列入正规体育比赛的项目当中的一些运动项目被忽略，而且即使在正式比赛的项目当中，也可能由于规则、技能等方面具有相当高的难度，与学校体育教育并不相符，所以如果将其纳入体育教育内容当中必须进行一定程度上的改造，但经过改造后，这类教学内容往往会与本来的运动项目出现非常大的差异，所以在内容上更加难以判别，不利于学生对于运动项目更深层次的理解。

6. 综合交叉分类

综合交叉分类是一种将基本部分与选用部分、理论与实践教学内容、各项运动的基本教学内容与发展身体素质练习教学内容等相互交叉的综合分类方法。

在这一划分标准下，能够反映出不同学生的身心发展特点与学习要求，有助于在保持运动项目的固有特点和系统性的基础上，同时增强学生进行身体锻炼的实效性，从而在体育教学内容的运用上使运动项目的技术和学生身体素质的练习同时发展，相互配合。但需要注意的是，这种分类方法存在着一定的缺陷，无法用同一标准进行衡量。

综上所述，体育教学内容划分的标准是多种多样的。体育教学内容的分类可以分成不同的层次，不同的层次可运用不同的分类方法,但是在同一层次上必须采用同一个分类标准进行分类。只有这样才是科学和合理的,才有助于体育教师更好地组织与管理教学活动。

三、体育教学内容的来源

(一)继承传统体育理论知识

传统的体育理论知识是体育教学内容的重要方面,这些理论知识主要包括运动技能学习、科学锻炼方法和卫生保健等有关的体育知识。这一部分是学生必须要掌握的,体育教师制定科学的教学方案要安排这一部分内容的学习。需要注意的是,身体文化中的知识是体育理论教学内容的主要来源。体育理论教学内容是体育课程教学内容的主要成分之一。经过多年的体育实践,体育教育工作者不断总结经验,从而形成了体育理论知识,这些知识已被多方论证,具有较强的科学性,在体育教学中扮演着十分重要的角色。

(二)改造传统技能教学内容

传统技能教学内容是体育工作者经过大量的实践总结和归纳出的,这一类教学内容通常都具有良好的实施效果。体育教师一般依据传统的教材来选择技能教学内容,并在参考体育课程目标的基础上优化这部分内容,不仅仅是只为了提高学生的运动技能而教学。

通过改造传统技能教学内容,能获得不错的教学效果。传统技能教学内容改造的思路如下所述:

1. 改造跑的教学内容

跑可以说是一种最为基础的运动,它也是人们参与一切体育活动的重要基础。在跑的项目教学中,教师可以设计各种奔跑游戏，不断提高学生跑的速度、耐力和灵敏性，促进学生各项身体素质的发展。

2. 改造体操教学内容

体操有着很强的实用价值，在结合生活实际、自我保护的基础上改造这部分内容，可充分发挥体育教学内容的实效性。教师也可以组织一些单个的体操动作来培养和提高学生的意志力，逐步提高学生适应社会的能力。

3. 改造球类教学内容

球类运动是学校体育教学的重要内容，为适应素质教育改革的需要，还需要进一步改造球类教学内容。改造球类教学内容的关键在于提高这类运动的参与性，所以要设计一些比较简单的游戏和比赛，规则要简化，旨在通过游戏或比赛吸引学生的兴趣和注意力，使学生在简单比赛规则的约束下能够顺利参与这类运动，学习简单的球类技术，培养良好的运动习惯，在此基础上进一步提高运动技能。

（三）开发民间传统体育内容

民间传统体育是我国学校体育教学的重要内容，这类内容因群众基础广泛和社会影响深远而深受学校的青睐。在体育教学中开发利用民间传统体育资源，不仅可以发挥其健身功能，还有利于特色学校体育课程的开发与建构，能将学生的学习与生活紧密联系在一起。

民间传统体育内容的挖掘与开发需要遵循民族性与国际性相统一的基本原则。民族传统体育是我国的一朵奇葩，象征着中华民族自强不息、永垂不朽的民族内聚力。因此，民族传统体育进入学校体育教学中是很有必要的。

为适应全球一体化发展的趋势，我国从国外引进了大量的体育教材内容，促使学校体育教学内容不断丰富。当代体育课程内容体系应该是民族性与国际性、现代性并重，既有民族特色，又有国外的先进内容，这样才能体现出体育教学内容的时代性。

引进民族民间传统体育教学内容不仅能充实我国学校体育教学内容体系，还有利于继承和发扬民族体育文化，也有利于对学生的创新能力进行培养，同时还能促进我国民族传统体育的多元化发展。

（四）开发社会体育锻炼内容

伴随着我国体育事业的不断发展，在竞技体育获得高度化发展的同时，大众体育也获得了不错的发展。在各方面有利因素的推动下，大众体育蓬勃发展，社会上涌现了许多新兴运动项目，这些项目对学生的吸引力很强。在学校体育课堂教学中引入贴近社会生活的运动项目是丰富体育教学内容的重要手段，同时也能帮助学生养成良好的参与体育锻炼的习惯。

通常情况下，学生都比较喜欢社会流行的运动项目，因此，这一类教学内容的开发就比较顺利，这些内容的引入极大地完善了体育课程内容体系。但教师要根据学校的条件和学生的具体情况来开发和应用这些新兴运动项目。因此，体育教师一定要提升自身这方面的能力。

需要注意的是，在开发与引进新兴运动项目时，切忌盲目。而且在引入时，要对学校条件、教师能力、学生兴趣等进行综合考虑，确保引进的项目能够吸引学生，而且具有可操作性，如郊游、野营、攀岩、旱冰、定向运动等。这些新兴运动项目能有效激发学生学习的兴趣，有利于促进学生养成终身体育的意识和习惯，这与素质教育的要求是相符的。

综上所述，学校要根据社会发展需要、体育发展需要和学生发展需要三个方面来选择体育教学内容。体育教学内容的选择必须立足当前，着眼于未来，选择与学生现实情况和未来社会生活都有密切联系的内容，这样才能促进学生的长远发展，对于学校体育教育的发展也具有非常重要的意义。

第二节　体育教学内容的编排、选择与开发

一、体育教学内容的编排

（一）体育教学内容的编排方式

体育教学内容的编排非常重要，因为只有编排出合适的体育教学内容，体育教学活动才能顺利开展。体育教学内容的编排存在着一种循环周期的现象。这里所说的循环，是指在同一教学内容当中，不同的学段、学年等范围当中进行的反复的重复安排就是循环周期现象。这种循环的周期有的是课、有的是单元、有的是学期、有的是学年，甚至有的循环是在某一个学段当中。以跑步为例，一节体育课要进行 100 米跑，下一次课当中仍要进行 100 米跑就是以课为周期的循环。在一个学期内安排 100 米跑，在下一个学期内的课程上仍要安排 100 米跑就是以单元和学期为周期的循环。以此类推。因此根据以上理论，我国体育教学学者以不同的内容性质为主要依据对体育教学的内容的编排进行了层面的划分。

关于体育教学内容层次的划分，可以分为以下几个层面：

（1）“精学类”教学内容——充实螺旋式。

（2）“粗学类”教学内容——充实直线式。

（3）“介绍类”教学内容——单薄直线式。

（4）“锻炼类”教学内容——单薄螺旋式。

由此可见，体育教学内容的编排方式主要有两种，一种是螺旋式，一种是直线式。

螺旋式排列指的是某项运动项目的教学内容的有关方面在不同年级重复出现，逐步提高教学要求的一种排列方法。

直线式排列指的是学习了某一体育运动项目和身体练习的

相同内容，以后基本上不再重复出现。

体育教学内容编排对于体育教学质量的提高具有非常重要的意义，以上两种编排方式都符合我国体育教学的新课程标准，与当前体育教学内容当中的各种情况的现状有机结合起来，创新地将各个方面的内容合理编排在体育教学中，所以在未来很长一段时间内，这种编排方式的实用性都是非常强的。作为一名合格的体育教师还需要不断提高自己编排体育教学内容的能力。

（二）体育教学内容编排的注意事项

体育教师在编排体育教学内容时需要考虑以下两个方面的内容：

1. 充分考虑学生的运动基础和学习水平

在体育教学中，为了提高体育教学的质量，促进学生的进一步发展，体育教师应依据学生的实际情况和实际需求编排与设计教学内容。在进行体育教学时，教师不应仅仅只片面地考虑体育运动和身体练习本身的难易程度，同时还应依据学生的实际需要、学生的体能和运动技能基础等合理地安排体育课程内容。

2. 重视不同的体育运动项目和身体练习

体育教师在编排与设计体育教学内容时，还需要不断地提升自身改进、巩固、提高和运用体育教学内容的能力。教师在课程安排时，并不仅仅是为了让学生懂得相应的知识，更应该注重相应知识的运用。这样才能编排出合理的体育教学内容。

二、体育教学内容的选择

（一）体育教学内容选择的依据

体育教学内容的选择要有一定的针对性，一般情况下，要依据以下内容进行选择。

1. 依据体育课程目标选择

本书已经分析到,体育课程目标具有多元性的特征,体育运动项目和身体练习也具备可替代性的特征,这使得体育教学内容的选择具有多样性的特征。

体育课程的目标是体育教学内容选择的重要依据,主要是由于体育课程目标在体育课程编制的过程中,在每一个阶段内都作为教学内容的先导和方向,所以它经过了多方专家的合理思考验证,对各个方面的影响都进行了认真合理的验证。因此,在选择体育教学内容时,一定要遵循体育课程目标而定。

2. 依据学生的需要及身心发展规律选择

体育教学内容的选择还要考虑学生的需要,这一点要尤为重视起来。体育教学以促进学生身心发展为目的,所以对体育教学内容进行选择的一个必要的因素就是学生对于体育的需要和兴趣,这对于有效的学习是非常重要的。学习需要学生的主动参与,而主动参与就是说,学生自身积极和努力是必不可少的。通常学生如果面对感兴趣的事情,那么其参与的动力就会大大增加,学习的效率也将倍增。这非常符合一些教学学习理论的观点:如果学习是被迫的而不是学生出于兴趣而进行的,那么学习在某种意义上来讲是无效的。因此,体育教师在选择体育教学内容时一定要注意选择那些富有趣味性的教学内容。

体育教师所选择的体育教学内容还要能使学生接受,并且学生也要感兴趣,这样才能提高学习的效率。所以进行体育教学内容的选择时,学生的特点就决定着教学内容当中的各项要素,一定要引起重视。

3. 依据社会发展的需要选择

人处在社会上与社会发生着密切的联系,生活在学校中的学生也是如此。因此,体育教学能够在健康方面为学生打下良好的基础，所以在进行体育教学的内容选择时，除了考虑学生本身的需求，社会现实发展的需求也必须被考虑进去。体育内容在选择方面不能够忽视学生走入社会后发展所必需的体育素质，所以体育教学内容必须能够满足学生在社会上发展当中各方面的需要。除此之外，体育教学内容必须做到与社会生活和学生生活联系在一起，这样才能有效培养和提高学生的适应社会的能力。

4. 依据体育教学素材的特性选择

体育教学内容的选择还要注意体育教学素材的特性，这需要注意以下几个方面。

（1）内在逻辑关系性不强

一般来说，体育教学素材的逻辑性都不强。这种特性使得体育教学内容的选择无法完全按照难易程度和学生素质来进行。因此体育教学内容往往只是以运动项目来进行划分，但各个教材内容之间的关系是平行和并列的，比如篮球和足球、体操和武术。表面上看似有联系，但这种联系并非能够认得非常清晰，而且并没有先后顺序，一项也无法判断能够作为另一项的基础。所以在这里是无法确定教学内容内部的规定性和顺序性的。体育教师在选择体育教学内容时还要注意这一方面的依据。

（2）数量庞大

体育教学内容非常丰富，在其归类上存在一定的难度，体育教师一定要学会归类体育教学内容的能力。人类文明诞生以来，创造出的体育运动项目数不胜数，丰富多彩，并且每一个运动的技能对于练习者的身体素质有着各种各样的要求。鉴于这个原因，没有哪个体育教师能够精通全部的体育项目，基于这个原因体育教师的培养才要求一专多能，体育课程的设计者也很难寻找到最合理的运动组合运用到体育教学内容当中，这一点需要引起重视。

（3）不同项目乐趣的关注点不同

体育教学内容非常丰富，不同的项目有不同的个性。以篮球和足球为例,其乐趣就是在激烈的直接对抗中,通过娴熟的技术和精妙的战术配合而得分。再如在隔网类运动中,其乐趣则是双方队员在各自的场地中通过巧妙的配合,而将球击到对方场地而得分。

体育运动自身所特有的特性使得体育教师在选择体育教学内容时不能忽略了它们的乐趣所在。这同时也是快乐体育理论存在的事实依据。

(二)体育教学内容选择的原则

体育教学内容的选择需要遵循一定的原则,一般来说,这主要包括以下几个方面的内容:

1. 科学性原则

科学性是选择体育教学内容所要遵循的一个重要原则,具体来说,可以从以下几个方面进行选择:

(1)依据学生的身心发展规律与特征进行选择。需要注意的是,一些内容虽然有利于学生的身体健康,但对于学生的心理健康并不合适,同样可能出现相反的状况。因此,教学内容的选择必须做到使学生在开心的体育活动中同时对身体的发展起到积极的促进作用。

(2)教学内容同时也要使学生能够从根本上对科学锻炼的原理和方法有一个深入的了解,这种了解能够激发学生参加体育锻炼的积极性。

(3)教学内容本身的科学性。在今后,国家对体育教学内容选择的限制放开,不做具体的规定,这能有效避免那些科学性不强的体育项目进入体育课程之中。

2. 趣味性原则

在选择体育教学内容时还要尽可能地选择学生感兴趣的、有趣味的体育素材。毫无疑问的是大多数竞技运动项目的健身价值和教育价值是不可低估的,但是,很长一段时间以来,体育教育工作者往往更加关注竞技运动项目教学的系统性和完整性,用培养运动员的方法进行体育教学,导致学生学习体育的积极性受到打击,对于学校体育教学的发展是非常不利的。

3. 教育性原则

教育性也是选择体育教学内容的一个非常重要的原则,首先应从教育的基本观点出发对体育教学素材进行选择,对其是否与教育的原则相符,是否与社会的固有价值观同步进行分析。同时,还要分析体育教学内容是否利于学生的身心健康发展。

另外,选择的体育课程内容还必须要与课程目标相匹配,确立"健康第一"的指导思想,并以此作为体育教学内容当中最基本的出发点,同时看重其中的文化内涵,在学生学习体育技能的同时更能深刻体会到体育文化修养带来的益处。学校体育在培养学生时应首先考虑对学生的品德、智力、体质等方面的全面发展是否有利,将理论与实际结合起来,在使学生了解人体科学知识的同时真正锻炼身体,还要从思想文化等方面下功夫,使其在双方面同时发展。

4. 实效性原则

实效性也是选择体育教学内容所要遵循的基本原则,这一原则主要就是判断某项体育教学素材是否实用、是否简便易行、是否有助于学生的身心健康。国家相关文件在教学内容的改革方面特别强调要对教学内容当中的"难、繁、偏、旧"以及教学过程过度地偏重书本知识的现状予以改变,在教学内容当中,加强学生生活和现代社会和科技发展当中的联系,对学生学习的兴趣加大关注,教学内容中的知识和技能要有利于学生终身体育的进行。所以在进行体育教学内容的选择时一定要兼顾选择与学生自身的体育学习兴趣和经验相接近的以及大众喜欢的、社会上比较普及的,同时强调运动项目的健身娱乐效果,为学生终身体育的发展奠定良好的基础。这就是体育教学内容的实效性原则。

5. 民族性与世界性相结合的原则

在选择体育教学内容时,要在保留我国民族传统体育当中的精华部分的同时,对国外好的课程内容选择加以借鉴吸收。不能对自己民族的东西盲目自信,但同时更不能有崇洋媚外的思想。体育教学内容的选择要体现与时俱进,民族性与世界性相结合的基本原则。

(三)体育教学内容选择的过程

体育教师在选择体育教学内容时要严格按照一定的程序进行,这一程序主要分为以下几个方面:

1. 仔细分析与评估体育素材的价值

体育教师在选择体育教学内容前,一定要从社会的生产生活、科技教育等发展的实际出发,考虑社会的发展对人的影响与要求,并以此为基点对现有的体育素材进行分析与评价,要对所选内容能否促进学生的身体健康,能否督促学生主动进行体育锻炼等进行充分的分析与论证,从而确保体育教学内容的合理性和科学性。

2. 整合各类运动项目

可以说,不同的体育运动项目和身体锻炼形式都会对学生产生不同的影响。因此在选择体育教学内容时,要以本学校的体育教学目标为根本前提,在此基础上认真分析各个体育运动项目对学生身体功能的不同影响,然后将各个体育运动项目与身体练习进行整理与合并,使之成为重要的体育教学内容。

3. 选择的体育运动项目要有效

体育运动具有重要的多功能性与多指向性特点,因此很多项目都具有一定的可替代性。因此,学校体育教学内容在运动项目方面可选择性强。但是由于体育教学时间有限,不可能完成全部体育运动项目和身体练习的教学,因此,体育教师要以社会的需求与条件为依据,充分考虑不同阶段学生的身心特点与兴趣爱好,选出适合学校体育教学的内容。

4. 对所选内容进行可行性分析

在选择选好体育教学内容后,还要进行一定的可行性分析,这样才能保证教学内容选择的科学性。进行可行性分析时,要分析本地区气候和本校的场地、器材等条件的制约与影响,充分考虑教学计划在这些特殊环境中的可行性,并要保证各地、各校执行的弹性,从而为今后体育教学内容的调整留有充分的余地。

(四)体育教学内容选择的方法

选择体育教学内容的方法是多种多样的,其中主要有以下几种:

1. 参考教参法

教学参考书具有一定的科学性、可行性及实用性,通过这些参考书的利用通常能取得理想的教学效果。体育教师需以现实条件为依据从这些内容中选取适合的部分作为自己在课堂上传授的主要内容。这种选择方法减轻了体育教师的压力,体育教师在选择、编排和创新体育教学内容时节省了精力和时间,从而大大提高了备课和上课的效率。在素质教育背景下,这一方法得到了广泛的利用。

2. 加工改造法

在以往,经常会遇到书中内容不符合学情、校情的情况,这就需要体育教师依据体育教学目标和学校的具体实际选择出合适的教学内容。随着社会的不断发展,一些流行的项目也不断被引入学校体育课堂中,教师要根据学生的接受能力适当更改这些项目的方法、规则等结构要素，从而有利于学生的学习。

3. 开发创编法

为促进我国学校体育教学的发展，我国进行了体育课程改革，获得了一定的成果。体育教师在选择体育教学内容时，经常要自己编选内容，或让学生自主开发，通过这种方式来培养学生的创新能力。所以，体育老师编选不同的教学资源也是一种非常重要的方法。

(五)体育教学内容选择的注意事项

选择体育教学内容时，体育教师需要注意以下几个方面的要求。

1. 不能忽视培养学生基本素质与能力的内容

体育课程以身体练习为主要手段，以体育知识、技能为主要教学内容，以促进学生健康、发展学生终身体育能力为主要目标。新教学指导纲要要求在体育课程教学中重视学习过程，注重培养学生的学习兴趣，同时淡化技术教学。但掌握基本的运动技能，锻炼基本的身体素质仍然不容忽视，因为如果不具备基本的身体素质，没有掌握基本运动技能，学生就无法顺利参与体育锻炼，而且会失去对体育运动的兴趣与信心。一定的基本运动能力和身体素质是学生参与体育锻炼的基本条件与基础保障，因此，选择的体育教学内容一定要全面和合理，不能忽视学生基本运动能力的培养，否则这一教学内容就是不合理的。

2. 根据学生的情况选择内容

体育教师在选择教学内容时，还要考虑不同学生的个性差异，这样才能选择出适合所有学生的教学内容。在选择前，要全面了解学生的“体育情况”，如对体育的兴趣爱好、个性需要与追求、体育基础能力等，要了解不同学生之间在身心特征、兴趣爱好和运动技能等方面的相似点与不同之处，尽量使所选的内容都能满足学生的需要，使学生能够获得全面健康的发展。

3. 所选内容要有利于学生的健康与发展

体育教学内容的选择还要充分考虑学生的学习需求，这一方面尤为重要。所选内容不仅要能吸引学生的兴趣，而且要对学生的身心健康发展有利。通过体育基本知识、方法及基础技能的教学，要为学生终身发展奠定良好的基础，保证学生在走上社会后能够用得到这一部分教学内容，使学生终生受益。

4. 考虑客观条件因素

体育教学内容的选择不是盲目的，除了要尊重教师和学生的选择权外，还要考虑各种客观因素的影响，如场地、器材等，不同学校的客观条件是有差异的。在选择体育教学内容时，首先应清楚地了解学校的硬件条件，依据这一实际情况选择合适的体育教学内容，这样才有利于学校体育教学的长远发展。

三、体育教学内容的开发

（一）体育教学内容开发的原则

体育教学内容的开发非常重要，做好这方面的工作需要遵循以下几个基本原则：

1. 教育性原则

教育性是体育教学内容开发所必须要遵循的一个重要原则。体育课程在全面培养学生素质方面具有其他学科无法比拟的功能，体育课程在培养学生集体主义精神、团结合作意识、公平竞争理念、坚强意志等方面的独特作用更是其他课程所不可替代的。因此，体育教学内容的开发一定要凸显其教育功能，这样才能保证开发内容的科学性和合理性。

2. 健康性原则

体育教学内容的开发还需要遵循健康性的基本原则，即要看体育教学资源是否对学生健康发展有利。促进学生健康发展既是体育教学的基石，又是体育教学的终极目的，只有以身体练习为主要方式，规范教学，科学锻炼，才能促进学生健康发展。所以，必须挖掘健康的体育教学资源，挖掘对学生身心健康有利的，能够提高学生社会适应能力的教学内容。体育教师一定要严格遵循健康性的基本原则。

3. 兴趣性原则

兴趣是学生学习的动机，学生只有建立了学习的兴趣，才可能以积极的心态投入体育教学之中。因此，在开发与利用体育教学内容时，首先要详细了解学生的身心特征、学习基础与运动能力，选择能够满足学生需求，符合学生个性的内容资源，在内容实施中，教师与学生要相互合作，加强彼此间的互动，构建一个轻松愉悦的教学氛围，这样有利于提高体育教学的效率。

4. 个性化原则

体育教学内容的开发还需要遵循个性化的基本原则。个性化原则指的是开发利用体育教学资源时要立足学校实际，将本地或本校体育资源的特色充分体现出来，使该体育教学资源成为本校独具特色的标志性资源。开发利用体育教学资源的活动是一项创造性活动，如果不突出资源的特点，开发利用活动也就没有了创造元素。

5. 可行性原则

体育教学内容的开发不是一件容易的事情，需要大量的人力、物力、财力等作保障，否则体育教学内容的开发就难以完成。需要注意的是，要想在节约资源和节省精力的基础上达到最理想的开发利用效果，就必须坚持可行性原则。开发和利用体育教学资源必须依据学生主体的现实情况，依据不同阶段学生学习的特点来进行，全面考虑学生的需要，这样开发出来的体育教学资源才能得到有效的运用和实施。因此，在开发体育教学内容时一定要把握好尺度，提高体育教学内容开发的合理性和灵活性，开发出符合学校体育教育的教学内容。

（二）体育教学内容开发的策略

1. 挖掘体育教学中丰富的运动项目

（1）挖掘新兴体育资源

在以往，旧有的体育教学内容比较枯燥，难以激发学生学习的兴趣，为了促进学生健康发展，提高学生的学习兴趣，必须要开发出具有创新性和趣味性的体育运动项目，或简化，或改造，或整合，都能取得理想的教学效果。

（2）挖掘民族民间体育资源

我国历史悠久，有着非常深厚的民族传统体育文化，充分挖掘与开发民族民间体育资源，能够给体育课堂教学注入新鲜的血液，形成独具一格的新特色。学校可以从当地引入一些民族项目，但要保证其具有一定的可操作性，否则就难以开发出符合学校教学实际的教学内容。

2. 加强体育场地设施的开发与利用

加强体育基础设施的建设也是体育教学内容开发所要注意的一项非常重要的内容。加强体育场地设施的开发需要做到以下两个方面：

一方面，为了更好地引进体育教学资源，并确保这些资源与学生的生理、心理特点相符，必须适当改变与调整学校现有的体育场地、器材等客观条件，使其适应学生的特点，满足学生的需求。

另一方面，应坚持合理经济、高效实用的原则创造性地开发体育器材,充分挖掘学校体育场地设施资源,使其更好地为学生学习体育而服务。

3. 利用有价值的体育信息资源

为提升体育教学内容开发的效率,还可以充分利用现代科技的成果。如运用高效能的体育应用软件,建立体育专题网站、电子公告牌等都是不错的措施和手段。要想实现这方面的效果,要培养体育教师使用多媒体技术进行教学的能力,提高教师的综合素养,在这样的情况下,学生的学习才有一个良好的环境,学习效率才能得到极大的提高。

第三节　体育教学内容的组织与实施

一、体育教学内容的组织

(一)体育课程教学内容组织的原则

组织体育课程教学内容,需要严格遵循与贯彻如下几个重要的原则:

1. 目的性原则

目的性原则是指体育教师要在体育教学目标的指引下组织课程内容。例如,在篮球选项课内容的组织中,如果教学目的是使学生掌握和运用篮球技术动作,那么在组织课程内容时,应将规范学习篮球技术动作作为重点教学内容,使学生对正确技术动作的要点和标准充分加以掌握,形成正确的动作技能。如果篮球教学的主要目的是提高学生的技术水平,就应该将教学过程的组织和活动设计作为重点考虑的内容,设计有趣的活动来提高学生练习的积极性,使学生通过反复的练习达到提高技术水平的目的,同时帮助学生养成良好的学习体育的行为和习惯。因此,体育教学目的不同,对体育课程教学内容的组织就会不同,这主要体现在内容顺序、内容比重及内容难易程度中。

体育教师在组织课程内容时需要注意以下几个方面的要求:

第一,注意体育教育的目的,所有教育活动都是以教育目的为指引的,因此组织体育课程教学内容也要充分考虑这一点。

第二,注意学校培养的目标。不同类型、层次的学校有不同的培养目标,组织课程内容要遵循该目标。

第三,注意体育课程的目标。体育教师要依据课程目标来组织体育课程教学内容。

2. 弹性原则

弹性原则是指体育教师在组织体育教学内容时,既要统一,又要灵活多变,要有可供调整的空间和余地。

(1)统一性原则

统一性指的是统一指导思想,是以不同类型教学目标为归宿的统一。在统一的前提下开展教学活动,同时还要保证机动灵活,能及时地处理各种突发问题。

(2)灵活多变性原则

体育教师在组织体育教学课时,还要遵循灵活多变的基本原则,即要在参照国家课程教学指导纲要的基础上,以当地的客观情况及学校的现实条件等为依据进行体育教学内容的组织,要突出学校的特色,不能搞一刀切的手段。

3. 关联性原则

关联性原则是指在组织不同级别学校的体育课程内容时应注意相互之间的沟通与衔接。

(1)沟通

沟通指的是不同类型学校的课程要保持一贯和一致。既要体现各类学校的特点,又要保证体育教学内容在同一层次上。

(2)衔接

衔接指的是衔接各级学校的体育课程内容。例如,高校体育课程教学内容要与高中体育课程教学内容相衔接,前者要在后者的基础上不断拓展和延伸,这样才有利于高校体育教学质量的提高。

(二)体育教学内容组织的注意事项

第一,体育教学内容的组织,既要注重内容的稳定性,将传统成熟的内容保留下来;又要摒弃那些旧有的教学模式,主张体育教学内容的灵活多变性。

第二,体育教师要能充分挖掘内容资源,促进内容体系的丰富,以求从多个角度和层面来组织与开展体育课程内容。

第三,体育教学内容的组织与管理还要充分考虑学生的发展需要,要有利于培养学生的体育兴趣,发展学生的个性,促进学生人格的完善。

第四,体育教学内容的组织要符合人的动作技能的发展形式和形成规律。这样能有效避免体育教学活动中的运动损伤。

二、体育教学内容的实施

一般来说,体育教学内容可以分为认知内容、技能内容和活动内容三类。在体育课程教学中,前两类内容是主要学习内容,最后一类内容的组织设计是体育课程教学设计的主要线索,以运动技能练习为主,该内容的组织设计有助于实现体育课程教学目标中的体育态度目标和心理健康发展目标。

体育教师在实施教学内容的过程中需要注意以下几个方面的要求:

第一,从整体上设计体育课程教学计划,贯彻体育教学的总目标和总要求,制定教学计划时,以体育知识模块和运动技能模块的学习作为发展顺序,在教学计划中将活动内容穿插其中。

第二,要以体育课程目标中的体育态度目标和心理发展目标的要求为依据,对活动内容的组织和练习形式进行设计,这是体育课程教学内容实施的难点。

第三,在体育课堂教学中有机融入活动内容,多结合体育课堂教学过程来设计活动课内容,处理活动课程的一些问题。例如,在羽毛球步法教学中,安排较大强度的下肢力量训练,在发展学生下肢力量的同时锻炼学生的意志。

第四,注意内容的延伸,比如在组织活动内容时,要在空间上延伸到课外,设计有趣的课外体育活动。课堂教学时间相对于课外体育活动来说非常有限,而要达成体育教学目标需要一个长期且系统的培育过程,因此,在实现体育课程的情意目标中,要充分发挥课外体育活动的重要性,这是一个大势所趋,体育教师在今后体育教学活动的开展中一定要注意这一方面。

第四节　体育教材化建设

一、体育教材化的层次

一般来说,体育教材化可以分为以下两个层次。

(一)编制体育课程标准和编写教科书

通常情况下,国家和地方教育行政部门组织专家负责这个层次的工作。具体而言,这个层次的工作主要包括从各种身体活动的练习中筛选出素材,然后进行一定的加工,编制出适合学校体育教育的教材。

(二)将教材变为学生的“学习内容”

通常情况下,学校的体育教研组或体育教师会负责这一方面的工作，主要的工作内容为：以体育课程标准和教科书的要求和规定为依据，与所面对的学生的具体情况和教学条件的实际有机结合起来，把面对一般学生情况和一般教学条件的教材变成适合一个班的学生和本校场地设施条件的教材。这一层次的教材内容非常重要，作为体育教师一定要认真负责地处理好这一方面的工作，让学生能更好地接受体育教材，从而提升体育教学的质量。

二、体育教材化的内容

体育教材化是一项非常重要的工作，这一工作主要包括以下方面的内容，即体育教学内容的选择、体育教学内容的编制、体育教学内容的改造与加工、体育教学内容的媒介化。前两个方面的内容已经有所阐述，下面我们主要研究体育教学内容的改造与加工以及体育教学内容的媒介化两方面的工作。

（一）体育教学内容的改造与加工

选择体育教学内容是一个非常重要的环节，但是选择好教学内容后并不意味着工作的结束，在此之后还需要对体育教学内容进行一定的加工和改造，这样才能应用到教学实践之中。

下面重点介绍几种体育教学内容改造与加工的方法。

1. 简化的教材化方法

这一方法是指将各种高水平、正规的竞技运动项目在各方面进行简化，从而确保其在教学中能正常开展。这种方法是现代体育教学中对教学内容进行教材化最为常用的一种方法。通过采用这种方法，能够使得教学内容与学校的条件、学生的能力与需求、教学的目标以及教师的教学能力等各方面相适应，便于体育教师在教学过程中的操作。

2. 理性化的教材化方法

理性化的教材化方法主要通过对各种运动项目所包含的各种运动原理和知识等方面进行充分的挖掘,并将其组织安排在教学过程中的一种教材化方法。这种方法改造的体育教学内容便于学生理解和掌握各种体育知识和原理,对学生的学习能起到良好的理论指导作用。

3. 实用化、生活化、野外化、冒险运动化等的教材化方法

这一种教材化的方法可以说是多种方法的集合。

实用化,就是使教学内容与实用技能相结合。

生活化则是教学内容与日常生活相结合。

野外化则是将正规的场地变为野外的非正规场地,或将各种场地运动转变为各种野外运动。

冒险运动化就是增加一定的惊险性,激发学生的学习兴趣。

以上这些方法能够与现实生活各种需求相结合,能增加体育教学内容的趣味性,能很好地激发学生学习的兴趣,提高教学效果。

4. 动作教育的教材化方法

动作教育属于一种体育教育思想和体育教材方法论,它的特点比较明显,主要表现为将一些竞技体育运动以人体的运动原理为依据,将运动进行归类,并且提出要针对少年的教材设计,其中,比较典型的有教育性舞蹈、教育性体操。这一种方法有利于学生提高自己的活动能力。

5. 运动处方式的教材化方法

运动处方式的教材化方法是指以锻炼的原理为主要依据,对运动的强度、重复次数、速率等因素进行组合排列,并且结合学生不同的身体锻炼需要,组成处方进行锻炼和教学的方法。这种教材化方法便于学生根据事先制定的运动处方参加体育锻炼,能起

到很好的体育锻炼的效果。

（二）体育教学内容媒介化工作

体育教学内容的媒介化是指将选出、编集、加工和改造后的体育教学内容变成载在某种媒体上的教材形式。这一教材化的内容非常重要。

体育教学内容媒介化工作的形式主要有教科书、音像教材、挂图、多媒体课件、黑板板书、学习卡片等。这里重点对多媒体课件和学习卡片进行分析和阐述。

1. 多媒体课件

在体育教学中，体育教师以体育教学的需要为主要依据，用体育教学内容编辑成的计算机演示的系列材料，就是所谓的多媒体课件。当前，多媒体课件是体育教师常用的工具，究其原因，主要是由于计算机课件依靠计算机来演示动作，在速度调整、观看细节、多次重复演放以及视觉听觉的艺术效果等方面都具有教师的讲解、示范所无法达到的教学效果。多媒体课件主要应用于体育理论课堂之中。

2. 体育学习卡片

体育学习卡片是体育教材的另一种载体形式，是学生在体育课中使用的一种辅助性学习材料。这种形式比较适合体育教学特点。

体育学习卡片的作用和运用目的不同，其运用形式也会有所不同，其中较为主要的作用有以下几种：

（1）在体育教学中向学生提供学习信息。

（2）在体育教学中对学生思索问题起到积极的促进作用。

（3）在体育教学中对学生的互相交流有所帮助。

（4）有利于学生的自我评价。

(5)有助于师生之间的沟通与交流。

(6)有助于学生的自学。

第五节 素质教育视角下高校体育教学内容的发展与探索

在素质教育背景下,高校体育教学内容的开发与发展呈现出不一样的特色,对其进行研究与探索能为我国体育教学的发展提供良好的基础和借鉴。

一、素质教育视角下高校体育教学内容的发展趋向

在素质教育改革背景下,我国学校体育的教学内容也不断丰富和完善,呈现出以下几个方面的发展趋势:

(一)更加注重学生全面素质的发展

受传统教育思想的影响,以往体育教学中,教学内容带有一定的片面性,只注重学生身体素质的发展。在素质教育改革与发展的背景下,体育教学由只重视身体素质发展逐渐转变为重视学生身体素质、心理素质和社会适应能力的全面发展。在教育思想、方针政策、体育目标、体育功能的影响和制约下,选择学校体育课程教学内容的范围也受到了很大的限制,这使得体育课曾一度成为以提高学生身体素质为主要目的的达标课。在当今素质教育背景下,学校体育课程教学内容的选择需要与素质教育的具体要求相符合,以使学生的心理素质、身体素质以及社会适应能力都得到全面的发展,这才能为我国的社会主义现代化建设培养出高素质的人才。

（二）更加注重培养和提高学生的终身体育意识

发展到现在，终身体育已成为当今世界体育发展的一大趋势，要想实现这一终身体育目标就需要使学生学习和掌握参与终身体育所需的知识、态度和技能。因此，在未来的体育教学发展中，在素质教育发展的背景下，运动文化的娱乐性与传递性、教材的健身性之间的关系将被协调整合起来，一些具有健身价值、终身运动性质的体育运动项目将被作为体育教学的内容。这是素质教育背景下，我国高校体育教学内容发展的一大趋势。

（三）体育教学内容向选择性以及不同学段逐级分化

在旧有的教育理念和背景下，体育教学内容的确总是试图在具有极强综合性的体育学科中来寻找运动项目之间的逻辑关系，并将所选择出的体育课程教学内容按照一定的逻辑关系使之体系化，但体育课程教学内容因缺乏相应的逻辑性而给教材的制定造成了一定的困难。在素质教育背景下，选择体育教学内容时，应高度重视遵循体育学科自身的内在规律，同时重视将具有娱乐性、健身性、时代性的体育素材，以及学生喜闻乐观的体育素材纳入到体育课程之中，并且不同学段的教学内容和要求也有一定的区别，总之，在素质教育改革与发展的背景下，“选择制教学”将是一大发展趋势。

（四）更加重视学生价值主体这一方面的发展

大量的实践与事实表明，高校体育教学内容的选择会受到社会及学校教育的发展水平、教师与学生的价值观念等方面的影响。在传统的体育教学大纲中，选择与确定的体育教学课程内容主要是将体育教师对体育课程教学内容的价值取向体现出来，围绕着教师的“教”来进行体育课程教学内容的选择。伴随着现代体育教育的改革，素质教育也进入了一个关键阶段，在这样的背景下，体育教学内容的选择与确定主要是从学生的实际需要出发,要更好地体现学生这一主体的价值,一切教学活动或改革工作都要围绕学生进行。

(五)更加注重新体育项目的吸收与利用

伴随着我国素质教育改革的进行,高校体育教学也逐渐吸收一些新型的体育项目作为体育课程的重要内容。伴随着时代的不断发展,不断涌现出了一些新兴的体育运动项目和娱乐性体育运动项目。青少年更加喜欢追逐潮流、追求时尚,所以也喜欢那些新兴的、娱乐性强的体育运动项目。因此,体育课程教学内容应革新以往传统体育教材的统治局面,注重对一些新兴时尚的特色运动项目的吸收,将其作为体育的教学内容。除此之外,在素质教育背景下,还要重点考虑我国各民族的传统体育项目,将其作为高校体育教学的重要素材,不断丰富和完善我国高校体育教学内容体系。

二、素质教育视角下高校体育教学内容发展的策略

(一)构建体育教学内容新体系

在素质教育改革与发展的背景下,我国高校体育教学内容的改革更应该强调内容的丰富性与实效性,要力争构建一个体育教学内容新体系,这一体系应当包括以下三个方面的内容。

1.身体教育

身体教育的主要目标是提高人的各项基本活动能力。学校体育的本质决定了学校体育必须为提高学生的体质健康水平服务。

"健康第一"是当前体育教学的重要教学指导思想和理念,因此,我国高校体育教学要重视学生健康水平的提高,重视学生身体成分、肌肉力量、有氧耐力及柔韧性等与健康相关的运动素质的发展。无论如何,身体教育都应成为重要的教学内容。

2. 娱乐教育

娱乐教育也是素质教育背景下体育教学内容发展的一个重要内容,应该得到重视。体育教学内容中的娱乐教育可以非常灵活地结合在社会的每个角落。每个人每个民族的娱乐体育活动都是丰富多彩的,因此促使它成为体育教学内容,是一种有益的选择。因此,应在学校大力推广我国民族传统体育,现阶段,开设民族民间体育,如武术、踢毽子、荡秋千、爬竹竿等,可扩大学校体育资源与体育课程资源,丰富高校体育教学内容。

3. 竞技体育

很长一段时间以来,竞技体育一直是学校体育发展的重点,之后随着国家对体育教学"健康第一""以人为本""终身体育"的强调,竞技体育在学校的地位有所降低,但仍是学校体育的重要教学内容。尤其是在素质教育发展的背景下,竞技体育在高校体育教学中仍将扮演着非常重要的角色。

在素质教育改革与发展的背景下,竞技体育在高校体育教育中仍将发挥重要的作用。它在增进学生健康,培养学生的运动兴趣、提高学生的运动技能,培养学生积极进取的人生态度,增强竞争与协作精神、团队意识、心理调节能力、责任感等方面具有重要作用。但需要注意的是,竞技体育在学校中的发展,要切忌照搬对运动员的要求而进行体育教学,应针对学生的具体实际展开教学活动。

(二)更新教育方案,实现多样活泼目标

在传统的教育背景下,体育教育方案还主要停留在制定传统、固化的教学目标这一类表面性、功能性现象上,对体育在人与自然、人与社会、人与自身的相互关系上的作用认识不足,偏离了学生价值取向和社会人文精神的教育目标。如果把原有体育教育方案转变为多样化目标和活泼性目标,在体育教育方案中加入更多学生感兴趣的元素，更多注重年青人的特性，切身贯彻到将生物、心理、社会的三维体育观时期与多维人文体育观紧密融合，以此衍生出的新教育方案设置就会跳出传统体育教育方案单以传授知识、技术、技能为主要教学目标的窠臼，必将适应当今社会对高校人才培养的需要。

（三）顺应时代发展要求，大力引进时尚体育项目

在素质教育改革的背景下，我国高校体育教学应该多多引进一些时尚性的运动项目。这些项目教学打破了以往三大球和田径项目那种以“三基”教学为主的传统方式，变得更倾向于灵活多变、新颖有趣。首先，时尚体育运动能够更加注重激发学生的学习兴趣，引导学生主动参加体育训练，在教学中，强调体育活动的游戏性、娱乐性，弱化体育的竞技性。同时，改变单纯意义上的体育技术与技能的传授，将体育健身、保健、休闲等观念转变成为学生的自觉意识，注重发展学生兴趣和培养终身体育习惯。①

① 张承天．浅析体育课程教学内容的发展趋势及对策[J]．科技创业月刊，2011，24（17）：107-108.

第六章　素质教育视角下高校体育教学方法的改革与发展

在素质教育改革与发展的背景下，高校体育教学体系中的各项要素都需要进行一定的调整与改革，以适应现代教育及社会发展的要求。在众多的要素变革中，体育教学方法的改革与发展是一个非常重要的方面，它将直接影响到高校体育教学质量的提高。

第一节　体育教学方法理论体系

一、体育教学方法的概念

可以说，关于体育教学方法概念的研究是非常多的，不同的专家与学者有着不同的见解。总体而言，体育教学方法的概念可以归纳为，在体育教学活动中师生为实现教学目标、完成教学任务而采用的所有手段和方式的总和。在素质教育改革与发展的背景下，体育教学方法的改革与完善成为一个重点。

二、体育教学方法的分类

依据不同的标准，体育教学方法有不同的分类，常用的分类方法有以下两种：

（一）依据外部形态分类

依据体育教学方法外部形态的不同，可以将体育教学方法分为表6-1中的几种类型，这几种方法在高校体育教学中都得到了充分的利用。

表6-1 体育教学方法的分类

教学方法分类	具体方法
以语言传递信息为主	讲解法、问答法、讨论法等
以直接感知为主	示范法、演示法、保护与帮助法等
以身体练习为主	完整法、分解法、循环法等
以探究性活动为主	发现法、问题探究法、小群体学习法等
以比赛活动为主	情景法、比赛法、游戏法等

（二）依据体育学科的特性分类

依据体育学科的特性，可以将体育教学方法分为“教法”和“学练法”两大类。其中学练法主要包括学法和练法，练习方法非常重要，因为体育教学具有极强的操作性，在实践活动中这一练习方法是必然存在的。

改革体育教学方法的一个重要目的就是促进体育教学目标的实现。在高校体育教学中，“知识与技能”是体育教学目标的主线，基于这一主线而延伸出很多具体的教学目标，一般可以在体育技能学习中穿插一些体育知识，从而一起实现技能目标与知识目标。

依据体育教学指导思想，可以将体育教学方法分为以下两种类型：

1. 原理性体育教学方法

原理性的体育教学方法属于综合性的教法，如问题学习法、程序教学法等都属于这一类，这一类都具有突出的方法原理指导性特点。

原理性体育教学方法是在新的教学思想的指导下形成的,也是以新的教学理念为指导而解决体育教学实践问题的,是教学思想与教学观念在体育教学实践中直接转化的结果。在素质教育背景下,相信这一类教学方法会得到广泛的应用。

2. 操作性体育教学方法

这一教学方法是指体育课堂上运用的具体教法,如口头讲解法、教具演示法、各种练习法等。这一教学方法是体育实践教学必不可少的。

在高校体育教学中,操作性体育教学方法几乎适用于任何体育教学内容,教师在体育课堂教学中选用这些具体的操作性教学方法时,要充分考虑体育课堂教学情境,合理地选用。

在具体的体育教学过程中使用最多的教学方法无非就是操作性教学方法,因此在有关体育教学方法类型划分的研究中,专门在这类教学方法的基础上进行分类的研究占据着很大的比例。

在素质教育改革与发展的背景下,为了提高教学方法在课堂上的运用效果,还需要今后进一步细分教学方法,如以教学目标为依据,将上述第一类教学方法具体划分为知识型和能力型教法。不论是哪种教学方法的利用,其目的都是更好地实现既定的教学目标,取得理想的教学效果。因此,在素质教育背景下,加强体育教学方法的改革与完善非常重要。

三、体育教学方法的特点

伴随着现代社会的不断发展,体育教育水平也日益提高,这离不开体育教学方法的丰富和完善,选择合适的教学方法对于体育教学的发展具有重要的意义。一般来说,体育教学方法主要呈现以下几个特点:

（一）以身体练习为主要手段

体育教学有着独特的特点，它主要以学生的身体练习为主要手段，体育教学方法也具有这样的特点。身体练习可以说是体育教学所特有的教学手段与形式，与其他学科教学有着很大的不同。体育教学过程可以说是一种运动性认知过程，学生在学习的过程中，通过各种各样的身体练习掌握体育知识和运动技能，同时还能培养自己正确的价值观和良好的学习态度，其他教学方法难以实现这样的目标。

（二）多种感觉器官同时参加工作

在具体的体育教学活动中，师生需要通过各种视觉系统、听觉系统等接受信息，然后在中枢神经系统的指挥下，运用动觉、位觉、触觉等来感知自己身体的动作，如感知用力大小、用力幅度等，这样才能更好地控制动作，从而做出正确的技术动作。由此可见，体育教学方法需要人的多种感官来参与，只有各种感觉器官共同参与才能实现体育教学的目标。

（三）练习效果的综合性

学生在参加体育教学活动的过程中，不仅涉及肢体活动，而且也包含着丰富的思维、情感和意志等活动，是学生综合能力与具体行为的深刻体现。学生在利用各种教学方法进行学习的过程中，不仅会表现出寻求技能学习和提高的行为，同时还会在学习的过程中交流情感，还能有效提升自己的心理品质和审美能力等。由此可见，多种多样的体育教学方法的结合能促进体育教学质量的提高，有利于实现良好的教学效果。

（四）具有一定的运动负荷要求

在素质教育发展的背景下，体育教学内容体系也越来越完善，与之相应的是体育教学方法也越来越多样化，如今，大量的信息化教学手段被利用到体育教学之中，取得了不错的成果。

在具体的教学内容中，可以说所有的运动项目都有一定的运动负荷要求，只有对学生机体施加必要的运动负荷，学生的体质水平和运动水平才能得到提高。在具体的教学活动中，学生充分利用运动系统、神经系统、呼吸系统、心血管系统等参与技术动作的学习，在这一过程中，生理负荷和心理负荷是必不可少的。在具体的教学过程中，体育教师会施加给学生机体必要的运动刺激，运动刺激的大小会直接影响学生学习的效果，如果刺激得当，学生的综合运动水平就能得到有效的提升。总之，在选择体育教学方法时，一定要考虑这一教学方法所对应的运动负荷要求。

四、体育教学方法的意义

（一）保证体育教学任务顺利完成

在体育教学中，体育教师所选择的教学方法应保证与学生之间能够很好地互动与交流，保证教学活动的顺利开展。切实可行的体育教学方法对联系体育教学活动中的主体有积极作用，该连接对达成体育教学目标有积极作用。如果缺乏科学的体育教学方法，是很难完成体育教学任务或目标的。由此可见，体育教学方法的选择对于体育教学任务的顺利完成有着重要的意义。

（二）营造良好的教学氛围

大量的实践表明，良好的体育教学方法不仅可以有效调动学生参与各类体育活动的积极性，还可以让学生的体育动机维持一定时间，也有助于营造积极向上的教学氛围。良好教学氛围可以对一部分不喜欢体育的学生形成很大的吸引力，促使这些学生从被动学习转变成主动学习，及时跟上其他学生学习的脚步，由此产生班级体育文化和良好氛围。

在高校体育教学中，通过利用合理的体育教学方法，师生之间能够形成良好的互动关系，能调动学生跟着老师学习的主动性，教师也会积极地将自身技能全部传授给学生，从而营造一个良好的教学环境，在这一环境之下，体育教学质量得以提升。

（三）推动学生全面发展

一个科学合理的教学方法，对于学生的身心发展是极为有利的；相反，如果体育教学方法不合适，就会对学生的身心发展产生一定的阻碍。一般来说，体育教学中使用的方法也是对学生体验和尝试有关技术动作的过程。由此可见，体育教师并非只需要向学生灌输体育方法原理，更关键的是要带动学生成为各项实践活动的参与者，向学生均衡发展提供保障。体育拥有别具特色的价值，体育教学方法不仅能对学生的个性发展产生积极作用，还能促进学生精神意志品质等各方面的发展。

（四）有效提升体育教学质量

大量的教学实践表明，有效的体育教学方法不但可以将已有的主观条件和客观条件的作用发挥得淋漓尽致，还能指导学生参加体育教学活动，提升学生学习的效率。例如，对于内容相对枯燥的长跑教学内容而言，如果采取固定的模式可能无法调动学生的积极性，而采取竞赛方式选择富有趣味性的教学方法，则能取得理想的教学效果。

第二节　当前教育背景下常用的体育教学方法

一、传统体育教学方法

（一）语言法

1. 讲解法

讲解法就是指体育教师通过运用合理的语言向学生讲解基

本的技术动作要领、方法和规则，指导学生积极学习和掌握技术动作的一种方法。这一教学方法在高校体育教学中应用得非常广泛，在这一教学方法体系中，常见于体育理论与技术实践中的各种技术要领的讲解。

在高校体育教学中，讲解法的运用需要注意以下几个方面的要求：

第一，明确讲解的主要目的。

第二，保证讲解的内容要正确无误。

第三，讲解的过程要保证生动形象、简明扼要。

第四，要准确把握讲解的时机。

第五，讲解过程中注意观察学生的各种表现。

2. 口令与指示

口令与指示法也在体育教学中应用得非常广泛。这一种教学方法是体育教师借助多种口令和指示进行，如“立正”“跑”“转体”等。这一种教学法可以应用于各类运动项目的技术动作教学之中。

运用口令和指示法需要注意以下两方面的要求：

一方面，体育教师要准确把握指示的时机和节奏，保证教学活动的顺利进行。

另一方面，体育教师的发音要洪亮有力，同时还要注意语气的轻重。

（二）直观法

在高校体育教学中，直观法也较为常用，各种技术动作的示范都离不开这一教学方法的利用。

常见的直观教学法主要包括以下两种：

1. 动作示范法

通过动作示范法的应用，能够使学生了解技术动作的形象、结构和要领。体育教师在运用这一教学法时需要注意以下几点：

第一，明确示范的目的和任务。

第二，示范的动作要准确无误，便于学生掌握正确的技术动作。

第三，要注意示范的角度，示范的难度要适中。

2. 直观教具与模型演示法

直观教具与模型演示法是体育教学中必不可少的一种教学方法。对于教学中那些难度较大的动作，可以采用这一教学方法。这一教学方法通常用到的工具主要有图表、照片和模型等，在足球、篮球等课程教学中，这一教学方法比较常用。

（三）完整法

完整教学法，就是从动作的整体上出发进行教学和练习的一种教学方法。

体育教师在采用完整法进行教学时，需要注意以下几点：

第一，事先分析整个动作要素，从整体上把握技术动作的完整和流畅性。

第二，对于技术难度较大的技术动作，应适当降低其难度。

第三，适当改变外部环境条件，帮助学生顺利地完成整个技术动作。

（四）分解法

分解法与完整法是相对的，这一教学方法是指将完整的动作划分为几个部分，逐步使学生掌握完整的动作技术。

应用分解法，体育教师需要注意以下几个方面的要求：

第一，深入细致地分析各类技术动作的特点。

第二，注重时间、空间等方面的有序性和统一性。

第三，关注各个环节之间的联系。

第四，注重各个环节之间的动作的衔接。

第五，将分解法和完整法结合起来使用，以取得理想的教学效果。

（五）程序教学法

程序教学法常用于各类运动项目的技术动作教学中，往往能取得不错的教学效果。在具体的体育教学过程中，体育教师首先要求学生按照预先设计好的小步子来学习，教师及时对其进行评价，并反馈学习结果，然后根据学生的学习结果决定下一步该怎么做，如果学生这一步的学习达到了标准，则可进入下一步学习；否则就要重新学习这一步，这一种教学方法如果利用得当，能取得很好的教学效果，作为体育教师要努力提升自身的教学水平，提高运用教学方法的能力。

（六）游戏法

游戏法，就是通过游戏的方式来完成相应的教学任务的方法。这一教学方法具有较强的趣味性和娱乐性，因此深受学生的欢迎和喜爱。在如今的高校体育教学中，这一教学方法得到了非常广泛的利用。

在具体的教学过程中，运用这一教学法时需要注意以下几点：

第一，确定游戏规则和游戏要求。

第二，学生必须遵守游戏规则。

第三，教师进行公正、客观的评判。

（七）竞赛法

竞赛法是通过组织学生进行比赛的一种教学方法，通过这一方法的利用，学生的实战水平能得到有效的提升。

在应用竞赛法进行教学时，需要注意以下几点：

第一，合理组织比赛，分队比赛时，要合理分组，双方实力要均衡。

第二，学生在比赛中能够熟练运用自己所掌握的技术。

第三，保证比赛安全，避免发生运动损伤。

二、现代体育教学方法

（一）发现式教学法

在素质教育背景下，为提升体育教学的质量，出现了一些先进的体育教学方法。发现式教学法就是其中一种。发现式教学法是指将教师的主导作用充分发挥出来，不断强化学生的创造性思维，提高学生综合能力的一种方法。这一种教学方法是从青少年学生的好奇、好动等心理特点出发，以发展学生的创造性思维为目标，以解决问题为中心，以机构化的教材为内容，使学生通过再发现进行学习的方法。发现式教学方法可以应用到体育理论与实践教学中，通常能取得不错的教学效果。

（二）探究教学法

探究教学法是指体育教师充分发挥自身的指导作用，积极引导学生去自己发现问题、分析问题并解决问题，使学生在不断探索、研究的过程中有所收获的教学方法。这一教学方法符合素质教育的要求，因此值得大力提倡和推广。

运用探究教学法时，体育教师需要注意以下两个方面：

一方面，体育教师要想方设法地在课堂上给学生提供交流的机会。

另一方面，体育教师指导下的探究工作要讲究实效，避免形式化、绝对化、片面化。

（三）自主学习法

自主学习法，就是指学生能够在充分考虑到自身条件和实际需求的基础上，在教师的引导下，去自主选择相应的教学内容，并通过独立操作来进行学习的方法。这一教学方法符合“以人为本”的基本教学理念，与素质教育的要求也是相符的。

在体育教学中应用自主学习法，需要做到以下两方面的要求：

一方面，教师要对学生进行积极的指导，及时纠正其所犯的技术动作错误。

另一方面，教师要对学生的自学进行必要的监督，培养学生自觉参与体育运动锻炼的意识和习惯。

（四）群体激励教学法

群体激励教学法，就是通过集体思维共同相互激励的形式，引发众多反应，产生多种解决问题的设想的一种教学方法。这一种教学方法是依据学生的个性特点而开发的，能有效激发学生学习的积极性。

群体激励法的具体教学流程为：

第一，体育教师提出要探讨的问题。

第二，体育教师引导学生开动脑筋，通过实践去探究，寻找正确的答案。

这一教学方法能有效提升学生的创新意识和创造力，对于促进学生技术动作水平的提高具有重要的意义。

（五）移植教学法

体育教学中使用的方法有些是专门针对体育学科设计的专项教学方法，有的是从其他教学领域或其他学科中借鉴而来，然后根据体育学科的特点和体育教学的需要而进行针对性的处理后运用到体育教学实践中的方法，这就是移植教学法。

移植教学法具有一定的普适性特点，在体育教学中也得到了一定程度的利用。实际上，不仅体育教学可以从其他学科或教育领域中借鉴一些先进的方法，在其他学科的教学中也可以借鉴一些体育教学方法，有些方法在很多学科的教学中都是普遍适用的，只是要注意根据各个学科的特点及现实教学条件去进行合理的加工、改造，而不能盲目借鉴，否则教学方法再科学、再先进，也难以发挥出本身的功能，无法实现体育教学的目标，甚至还可能会产生一定的阻碍作用，不利于体育教学活动的顺利进行。

（六）难度增减教学法

难度增减教学法是指通过难度的增加和减少来进行教学的方法，在技术动作教学中这一方法最为常用，通常能取得不错的教学效果。运用这一教学方法时，体育教师需要注意保证技术动作的结构和性质不变，要依据技术动作的难度确定是增加难度还是降低难度。

通常来说，体育教学活动的开展主要遵循先易后难、循序渐进的原则。难度增减法，能够保证教学进度按照难度逐渐递增的顺序顺利开展，同时，学生也能因此而获得学习的自信心，从而提高学习的兴趣，促进学习效率的提高。

（七）逆向思维教学法

逆向思维教学法是指从逆向思维出发，将问题从反方向引出来的一种教学方法。在素质教育改革与发展的背景下，这一种教学方法得到了非常普遍的利用。通过这一教学方法，学生的创造力和创新能力得到了大大的提升。

在平时的教学中，我们通常习惯于用正向思维去认识和思考问题，但是惯性思维并不能很好地解决所有的问题，有时利用逆向思维去解决问题反而会取得更好的效果。在素质教育背景下，这一种教学方法非常符合现代教育的要求。

（八）情景教学法

情景教学法，就是在学习动作前，先用语言或场景把学生带入一定的情景，让学生设身处地强化练习的一种方法。在素质教育背景下，这一教学方法也符合素质教育的要求，可以被大量地应用于体育教学之中。

在运用情景教学法进行教学时，可以采用以下手段：

第一，以实物演示情景。

第二，以录像、画片再现情景。

第三，以音乐、语言渲染情景。

第四，以展示、表演、示范体会情景等。

体育教师要想方设法地营造符合具体实际的现实情境，在逼真的现实情境下，启发、引导与激励学生身临其境地去学习和掌握体育运动技能。这一教学方法能有效提高学生学习的积极性，促进教学质量的提高。

（九）分层教学法

分层教学法就是指在体育教学中，依据学生的特点与实际水平进行合理的分层，根据不同层次学生的特点组建合作小组，然后设计不同层次的教学目标，分别安排相应的教学内容和教学方法，以保证体育教学活动的顺利、有序进行。分层教学法也符合素质教育的要求，值得大力提倡和推广。

具体而言，体育教学中分层教学法实施的基本思路如图 6–1 所示。

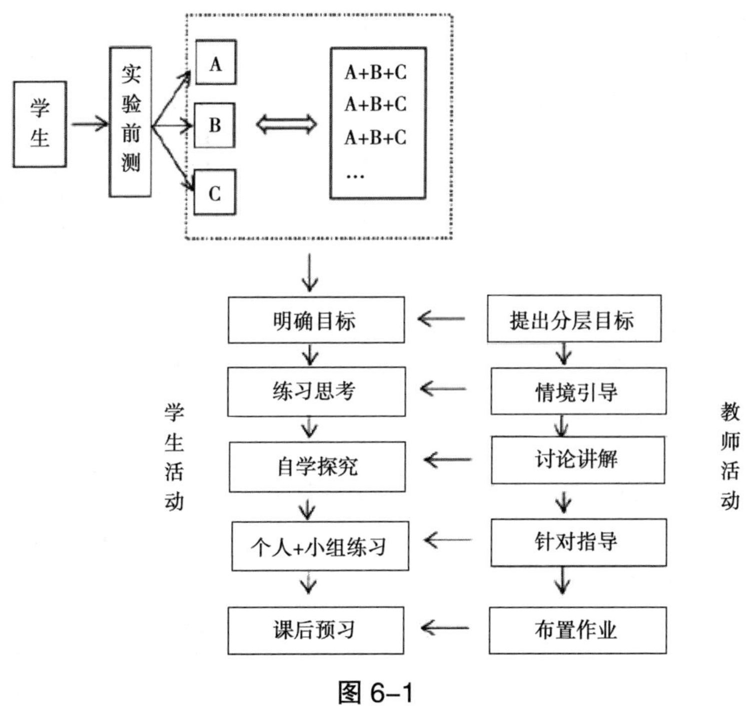

图 6–1

（十）即兴展现教学方法

即兴展现教学法在素质教育改革与发展的今天也得到了一定程度的利用，这一教学方法强调师生间的互动，同时强调学生自我能力的展现，非常注重学生的主体地位，重视学生全面素质的培养与提高。由此可见，这一教学方法非常符合现代体育教育的理念，值得提倡和推广。

即兴展现教学法中创设良好的教学环境非常重要，体育教师需要创设一个和谐的课堂氛围，在这样的情境中才能很好地培养学生的创新能力，促进学生综合素质的发展和提高。

在具体的体育教学实践中，即兴教学法的具体操作程序如图6-2所示。

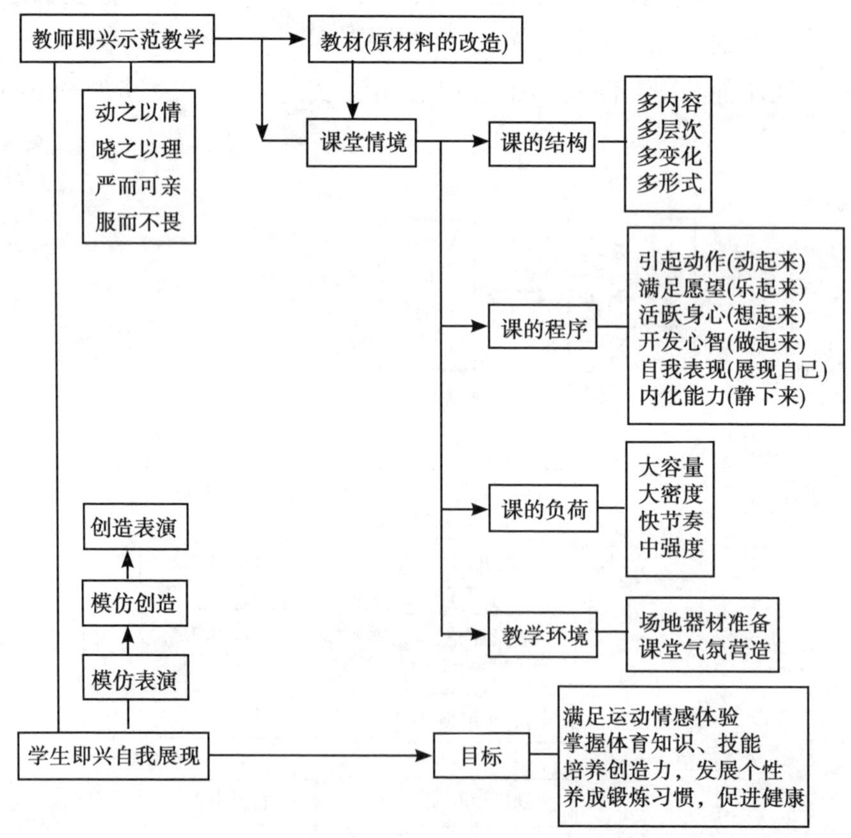

图 6-2

（十一）掌握学习教学法

掌握学习教学法是指体育教师依据教学大纲对学生分层次实施教学内容，然后定期进行阶段性评价的方法。

掌握学习教学法主要以班级授课为主，教学结构如图6-3所示。需要注意的是，体育教师在具体的教学中，要充分调查与了解所有学生的个性特征及个性化需求，在此前提下才能更好地组织与开展教学活动。

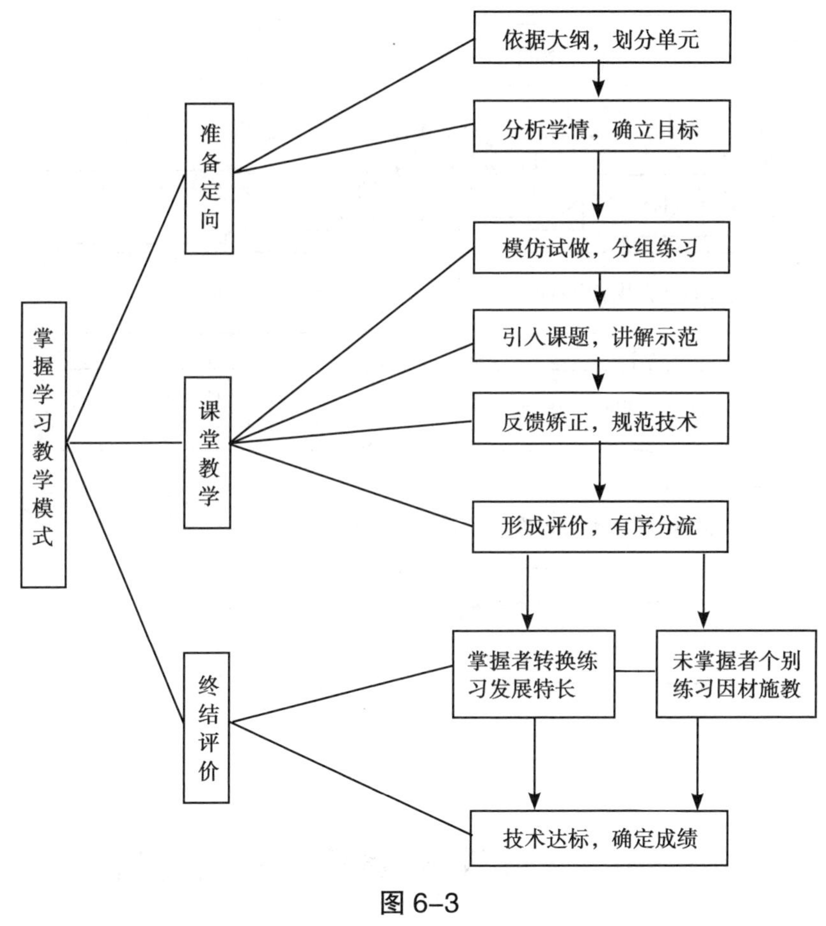

图6-3

掌握学习法的操作程序如图6-4所示。在运用这一教学法时还需要注意以下几点要求。

第一，体育教师要事先阐述学习的目标与任务，让学生了解具体的教学情况。

第二,体育教师要指导学生运用针对性的教学手段与措施去实现既定的学习目标。

第三,不能忽略了体育教学评价,评价的形式要将形成性评价和终结性评价结合起来进行。

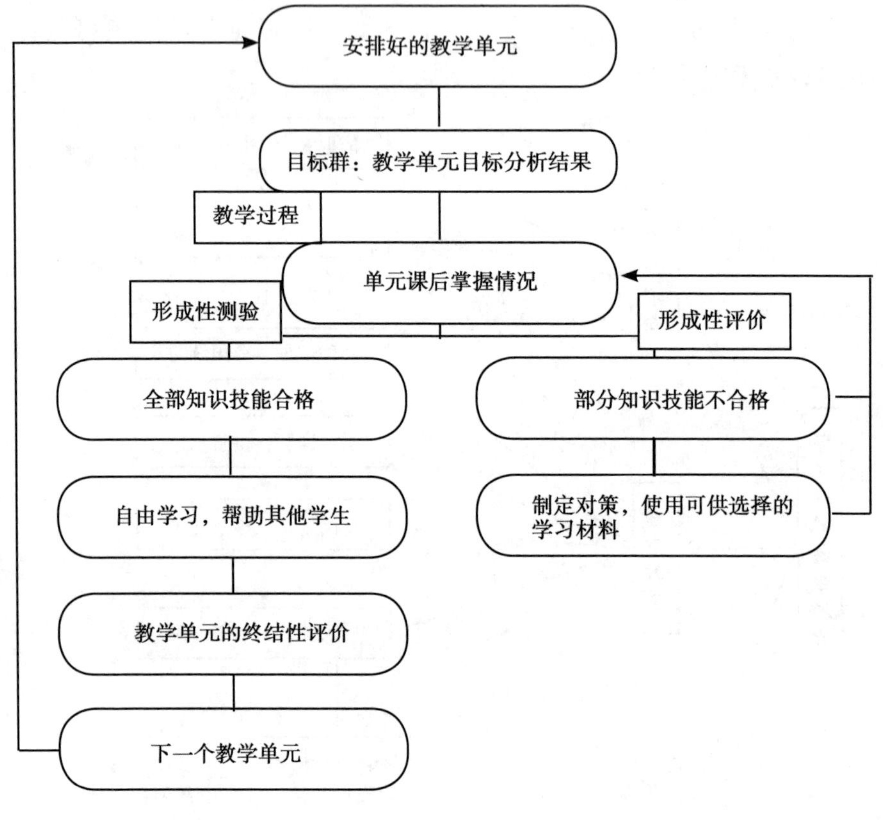

图 6–4

第三节　体育教学方法的选择与应用

在素质教育改革与发展的背景下,体育教学方法的选择非常重要,同时还要学会如何应用那些先进的教学手段与方法,这样才能保证取得理想的教学效果。

一、体育教学方法的选择

（一）选择体育教学方法的依据

1. 依据体育教学目标选择

体育教学目标具有多层次性的特点，如身体发展目标、技能发展目标、知识发展目标等都是体育教学目标的几个重要层次。为了实现不同的教学目标，应采用不同的教学方法。

体育教学目标可以说是多种目标的综合，在具体的教学中，每一单元、每一堂课目标的侧重点是不同的。在具体的教学过程中，体育教师需要依据不同的教学目标选择不同的教学方法，这样才有利于取得理想的教学效果。

2. 依据体育教学内容选择

在选择体育教学方法时，还要注意体育教学内容的要求。在具体的体育教学中，对一些技术动作教学内容应采用主观的示范操作的方法，而对一些原理和知识结构方面的内容则应注重运用语言法进行讲解。不同性质的体育教学内容，应采取相应的教学方法。每一种教学方法为实现一定的目标而运用在某一教材内容时，其效果也会表现出一定的差异性。因此，体育教师要依据教学内容选择合适的教学方法。

3. 依据体育教学环境选择

在体育教学中，教学环境也在一定程度上影响着教学方法的选择。一般来说，体育教学环境主要包括场地器材、班级人数、课时数等，同时，外界的社会文化环境也对教学环境具有重要的影响。教学环境必然会对教学方法产生制约作用。例如，一些直观教学方法需要借助一定的教学器材才能实现相应的教学目标，而学校体育教学资源的具体情况则影响着教学方法的选择。

在具体的体育教学中,体育教师应做好充分的调查,最大限度地利用现有的场地、器材条件选择合适的教学方法。

4.依据学生的实际情况选择

在素质教育背景下,体育教师要学会运用多种教学方法组织教学,其目的是促进学生更好地学习。体育教师在选择相应的体育教学方法时,应与学生特点及其实际情况相符合。

5.依据教师的自身素质选择

在体育教学中,体育教师发挥着非常重要的作用。体育教师的综合素质在很大程度上决定着体育教学的效果。体育教师如果能力和素质有限,将不能发挥相应的教学方法的作用,从而对教学活动产生消极的影响。因此,体育教师要不断提升自身的素质以应对素质教育的要求。也只有体育教师的自身素质提高了,才具有选择与利用多种教学方法的可能。

一般来说,体育教师所熟练掌握的教学方法越多,其越能够根据自身以及学生的实际情况选择出最佳的教学方法。不同教师根据学生实际状况采取同样的教学方法,也会得到不同的教学效果,可见教师自身条件极大地影响着体育教学活动。因此,体育教师要努力提升自身的综合素质,这样才能更好地利用多种教学方法,有利于取得理想的教学效果。

(二)选择体育教学方法的要求

1.一般性要求

在体育教学中,体育教师在选择教学方法时,需要注意以下几个一般性的要求:

第一,体育教学方法必须符合体育教学的基本规律与原则。

第二,体育教学方法必须符合体育教学目标。

第三,体育教学方法必须符合体育教学内容的特征。

第四,体育教学方法必须符合学生学习条件的可能性。

第五,体育教学方法必须符合教师实际条件的可能性。

第六,体育教学方法必须符合学校的具体教学条件。

2. 具体要求

(1)体育教师要全面了解教学方法及应用

体育教师要充分了解与掌握体育教学方法,这样才能更好地做出选择。教师在了解体育教学方法时,不仅要了解动作技能形成的方法,还需了解传授体育知识的方法,另外也需要了解发展学生个性、开展思想品德教育以及锻炼身体的方法等。教师只有全面了解与掌握多种体育教学方法,才能选择出合适的教学方法。

(2)体育教师要遵循多中选优的基本原则

体育教师要充分了解不同体育教学方法的优缺点,这样才能结合体育教学的实际状况,在众多体育教学方法中选择出最能发挥其独特性能的教学方法。为了真正达到从中选优的要求,所有体育教师均需要建立一个具有个性化特征的教学方法"仓库",以体育教学方法的具体性能为主要依据,将其编成系列(如将其编成卡片),将性能相同或者相近的体育教学编成一类,在利用时可以很好地选择。

(3)体育教师要学会比较,从中选优

不同的体育教学方法都有自身的优缺点,同时也有不同的教学效果,体育教师要对其进行多方面的比较,从中择优。教师可以对每一小类或者每一类体育教学方法对学生理论知识的掌握情况、运动技能、身体素质水平、自身个性的发展情况、思想品德和行为习惯的培养情况进行认真分析与比较,充分考虑特定体育教学方法的适用范围和适用条件,具体教学方法解决哪些教学任务最为适宜,结合哪些教学内容最为适当,与哪些类型的学生最为符合,从而从中选择出最合适的教学方法,这对体育教师的能力提出了较高的要求。

（三）选择体育教学方法的注意事项

1. 注意师生之间的协调配合

在体育教学过程中，少不了师生间的互动，只有师生间默契配合才能取得理想的教学效果。体育教学活动不存在没有“教”的“学”，也不存在没有“学”的“教”。因此，不管是何种教学方法，都应考虑“如何教”和“如何学”。

受传统教育的影响，教师在教学中起着绝对的主导作用，教学方法也只是注重教师“如何教”的问题，而对于学生在教学过程中的作用则选择性地忽略了。例如，教师在动作示范时，只考虑动作的优美和协调性，而没有考虑学生的感受，从而使得学生的学习效果不佳，影响教学活动的开展。因此，体育教学方法的应用应考虑师生双方的合理配合，如此才能提高体育教学的质量。

2. 注意学生内部与外部活动的配合

学生的学习过程是内部活动和外部活动的综合体现，内部活动是学生的心理活动以及相应的生理生化反应等方面，外部活动则是其动作质量、情绪、注意力等方面。在具体的教学中一定要注意这两方面的配合。要做到这一点，需要注意以下几个方面：

第一，在选择相应的教学方法时，应注重两者之间的配合。

第二，在选择相应的体育教学方法时，应注重两者之间的配合，教师应善于分析学生的内外活动变化，有机结合指导学生外部活动的方法与激发学生内部活动的教学方法，以促进学生主动积极地参与到体育学习中。

第三，在选择体育教学方法时，还应对多种教学方法进行对比分析，从而确定最佳的教学方法。

3. 注意不同学习阶段的前后配合

需要注意的是，在体育教学的不同阶段，整个教学活动会表现出不同的特点。因此，体育教学方法的应用应考虑到学生学习知识的不同阶段的前后配合。这样才能保证取得理想的教学效果。

在体育教学中，学生在学习的初始阶段，通常以模仿学习为主，随着学习水平的提升，学生就会形成动作定式而完全摆脱模仿，从“模仿型”过渡到了“创造型”。这两个阶段之间具有一定的联系，又相互区别。因此，在运用教学方法时既要防止二者之间的互相代替，又要防止二者之间的割裂。这一方面要尤为注意。

二、体育教学方法的运用

体育教师在运用各种教学方法的过程中，需要注意以下两个方面的要求：

（一）注意体育教学方法效果的影响因素

在体育教学中，师生间的密切配合非常重要。为取得理想的教学效果，加强体育教师与学生之间的协调配合是尤为重要的。在体育教学实践活动中，教学方法所产生的效果受体育教师的知识储备、人格魅力以及教学技艺等方面的影响。因此，提高教师的素养势在必行。

体育教学是教师与学生之间的双边互动，学生因素对于教学方法运用的效果也具有非常重要的影响。学生能动性的发挥情况对于教学方法的运用效果具有重要的影响。

除此之外，体育教学方法的运用还会受到教学环境的影响。例如，在进行篮球运动教学时，如果是在较为干净的室内塑胶场地上，学生在奔跑和起跳时的心理状态与在水泥地面上时是不同的，室内塑胶场地上，当学生起跳落地时，可以做出相应的保护性动作，能够有效避免受伤。因此，构建一个良好的体育教学环境，加强体育教学基础设施建设是非常重要的。

（二）注意体育教学方法有关理论的运用

体育教师在运用教学方法时，还要注意相关理论的运用。体育教学理论源于实践，但又高于实践，它属于科学的总结。因此，体育教学的相关方法既要注重实践方面的问题，又要注重理论方面的探索。这样才能保证体育教学方法的合理性，不至于出现片面性的问题。

在体育教学过程中，体育教学方法方面的理论基础应综合考虑几个方面：

第一，辩证唯物主义与唯物辩证法的基本观点。

第二，系统论原理，深化理解体育教学系统。

第三，教育学、心理学等与体育教学有关的学科理论知识。

第四，普通教学论和体育教学论，这是体育教学方法直接的理论基础。

第五，充分吸收现代社会各学科的先进理论成果并应用于教学方法之中。

总之，在具体的体育教学过程中，在素质教育发展的背景下，体育教师应用新观念、新理论指导体育教学工作，充分发挥不同教学方法的效用，实现理想的教学效果。

第四节　素质教育视角下高校体育教学方法的发展与探索

在素质教育发展的背景下，高校体育教学方法也呈现出与以往不同的发展态势。本节重点研究与分析素质教育背景下体育教学方法的发展趋势与策略。

一、素质教育背景下高校体育教学方法的发展趋势

现代体育教学经过多年的发展，不仅已发展成为一个较为成熟的学科，同时也发展成为具有自身特色的教法体系，其发展趋势主要体现在以下几方面：

（一）现代化发展趋势

在素质教育发展的背景下，体育教学呈现出明显的现代化发展趋势，与之相应的体育教学方法的发展也是如此。体育教学的重要表现之一是教学设备的现代化，通过采用先进的技术手段，使得教师能够更容易开展教学活动，学生能够更好地学习。通过先进的现代化设备，教师能够对学生的身体素质进行更加深刻地了解，并能够更好地制定运动训练的负荷量。在教学管理方面，能够为学生的学习和生活提供更加便捷的服务。随着现代社会的发展，体育教学的各项技术逐渐发展，其教学方法也必然呈现出现代化的发展趋势。了解与把握这一趋势对于体育教师选择与利用体育教学方法具有重要的帮助。

（二）个性化与民主化发展趋势

在以往的教育背景下，教师在体育教学中扮演着十分重要的角色，占据着绝对的主导地位，忽视了学生个体之间的差异性，学生的个性化发展受到一定程度的抑制。伴随着素质教育的改革与发展，学校教育越来越注重学生个性的发展，体育教学方法的发展也必然呈现个性化发展趋势。个性化的教学方法改革和创新对于学生和社会的发展均具有重要的意义。与此同时，民主化也是体育教学的大势所趋，这非常符合当今“以人为本”的教学理念。

（三）心理学化发展趋势

在体育教学中，学生的学习既涉及相应知识的记忆，又涉及动作技术的记忆。伴随着心理学研究的发展，学习过程的各个方面被人们所认识，并且在具体教学实践过程中，心理学的相关理论逐渐受到重视。在体育教学方法的发展过程中，很多心理学的研究成果将会进一步得到应用，这对于体育教学效果的提高具有重要的意义。除此之外，体育教学还肩负着培养和发展学生的良好意志品质、促进学生的心理健康等方面的重要作用，通过运用相应的心理学方面的方法，能够更好地达成这方面的目的。由此可见，体育教学方法的心理学化也是一个重要的发展趋势。

二、素质教育视角下体育教学方法的优化

体育教学方法的优化需要遵循以下几个基本原则，这样才能取得理想的优化效果。

（一）简便性原则

简便性是体育教学方法优化的一个非常重要的原则。这一原则要求体育教师要简化体育教学方法的实施步骤与程序，舍弃一些不必要的操作，但不能破坏结构上的紧密性、协调性与连贯性，也不能对体育教学方法功能的发挥造成干扰，更不能影响教学效果。经过处理后的体育教学方法应更加精简、有效，这对于体育教学质量的提高具有重要的作用。

简便性是体育教学方法优化的一个重要原则，但不是唯一的原则。在体育教学中，要充分利用多种教学方法，避免片面性，否则就不利于发挥教学方法的作用，会制约教学目标的实现。因此，在优化体育教学方法的过程中，不能只重视教学方法的简便性，还要考虑其他方面的要求。

（二）系统性原则

对体育教学方法进行优化，要严格贯彻系统性原则。体育教学方法存在与发展的客观规律能够从这一原则中反映出来，而且体育教学方法存在的主要形式与普遍性特点也能由这一原则揭示。

在现代体育教学中，贯彻系统性原则需要注意以下几个方面的要求：

1. 体育教学方法本身的存在形式具有系统性

（1）体育教学方法的构成要素之间是有机联系的，它们相互融合成为一个整体。

（2）体育教学方法是一个整体的有机系统，组成该系统的各个子系统具有层次性，它们有序联系，密不可分，发挥着非常重要的功能。

（3）体育教学方法这个大系统中各要素各自发挥自身作用，而且也相互作用，主要是为了实现一个共同的目标，这个目标就是整体目标或系统目标，期望最终的整体结果是理想的。

（4）体育教学方法系统内部各要素相互联系，相互促进，共同推动着整个系统的发展。

2. 体育教学方法与环境的互动是开放的

体育教学系统是开放的，因此体育教学方法也具有相应的开放性特点。体育教学方法的存在与发展离不开与环境的开放式互动。体育教学方法本身的开放程度越大，同环境的关系越紧密，那么对其自身的生存发展就越有利。

总之，体育教师在优化体育教学方法时，要严格遵循以上基本原则，从整体上把握体育教学方法的优化，深入探讨体育教学方法与其他要素之间的关系，构建一个科学合理的体育教学方法体系，这对于体育教学质量的提高具有非常重要的意义。

（三）动态性原则

在当今素质教育改革与发展的背景下，体育教学方法大量涌现出来，逐渐形成了一个较为完善的体系。需要注意的是，在一定历史时期内，体育教学方法具有一定的稳定性，但在体育教学过程中具体运用这些教学方法时，很多因素又会对方法的实施及最终效果造成影响。而且体育教学方法与手段也随着体育教学思想、体育教学内容的变化而不断变化，其在一定程度上对体育教学思想、内容具有依附性，因此优化体育教学方法还要充分遵循动态性的基本原则。这样才能跟上素质教育发展的趋势。

（四）综合复用原则

当今学校教育背景下，大量的体育教学方法被应用于教学之中，大部分教学方法都有自己的功能，它们存在着一定的互补关系，没有一种方法是万能的。正因如此，在优化体育教学方法时必须贯彻综合复用原则。也就是说，为了达到预期的体育教学目标，必须从系统角度出发优化组合不同的教学方法或同一教学方法中的若干因素，使体育教学方法的综合功能得到充分发挥。综合复用原则对我们在体育教学中如何运用体育教学方法以及采取何种方式让所选教学方法的作用得到充分发挥具有积极的指导意义，同时这一优化原则也反映了体育教学方法实践运用的辩证性。因此，贯彻综合复用的教学方法原则是非常重要的。

可以说，每一种教学方法都是独特的，都有自己的优势和缺陷，在具体的教学过程中，我们可以相互利用、取长补短，以提高体育教学效果。在素质教育发展的今天，我们要深刻贯彻综合复用的基本原则，对各种教学方法进行优化与组合，以促进体育教学质量的提高。

三、素质教育视角下体育教学方法的创新

（一）重视教学方法观念的创新

在体育教学中，学生是重要的主体，是整个教学活动的中心，一切教学活动都要围绕学生进行。在体育教学方法的设计方面也是如此。体育教学方法的设计要以体育学科的特点及学生的特征、需求为依据进行。

在上体育课前，体育教师首先要明确要教的内容和通过实施这些内容要达到的目的，然后根据内容的特点、学生的特点以及要达到的目标来对教学过程进行安排，合理设计每个教学环节，在各环节将相对应的恰当的教学方法予以实施，保证各个环节教学工作都能有序开展，且都能取得好的效果。在整个教学过程中教师会创设一些教学情境，不同的教学法适用于不同的情境，教师要明确哪些是主要教学法，哪些是辅助性的教学法，将二者充分结合起来，以取得理想的教学效果。

在当今信息化背景下，选择与设计体育教学方法时还要充分考虑各种科技因素，落实现代化教学方法，只有不断创新，不断为教学方法添加新鲜因素，才能提升学生的学习积极性，培养学生的创新能力，这是现代化体育教学改革的要求，也符合当今素质教育改革与发展的要求。

（二）合理编排体育教学方法

体育教学质量的提高，体育教学方法在其中发挥着至关重要的作用，所以体育教师要尽可能地使所选的教学方法对学生起到积极有利的影响。教师实施教学方法，教学方法又作用于学生，从而将教师与学生密切联系起来，教学方法起到了重要的桥梁作用。由教学方法联系起来的教师与学生都是体育教学活动的主要参与者和实践者，体育教学效果一定程度上是由这两个主体所

决定的，如果教师缺乏专业素养，学生缺乏学习热情和创造性，就难以取得理想的体育教学效果。因此，体育教师一定要努力提升自身的综合素质，合理地编排体育教学方法。

（三）扩展与改进体育教学方法

在素质教育背景下，如何充分发挥体育教学方法的功能，从而提高体育教学的质量是一个十分重要的问题。体育教学方法的实施效果受到很多主客观因素的影响，其中客观方面的影响因素中实际教学条件是一个不可忽视的因素，场地器材的数量、规格以及其他教学资源等教学条件都对体育教学方法的实施效果起到举足轻重的影响。

我国地域辽阔，各地区之间的经济差异较大，表现在学校中，不同地区的学校之间也存在着较大的差异。如经济条件差的地区教学条件就比较落后，表现为缺乏体育场地器材等，经济条件好的地区教学条件优越，能够为体育教学的顺利开展提供良好的保障。为了使体育教学方法在各地区的教学中得到充分的运用，取得较好的实施效果，各地都应集中资源来优化教学条件，这是完善体育教学方法和提高教学方法实施效果的重要路径，经过优化后的教学条件和经过完善后的教学方法更能满足体育教学的需要，促进体育教学质量的提升。

体育教学方法改进的两个途径为延伸体育教学方法的功能和扩大体育教学方法的应用范围提供了便利。需要注意的是，要实现有效的扩展，就要在教学组织形式上下功夫，优化改革体育教学组织形式，如突破传统的按人数平均划分学习小组的分组方法，将学生的兴趣爱好、学习水平、运动基础等作为分组的主要依据，扩展教学组织形式，使不同兴趣爱好、不同学习能力的学生都能获得共同的发展和进步。

除此之外，体育教师还需要不断地改进教学方法，在原来的旧方法基础上增加新的因素，创造新的教学方法，进一步完善体育教学方法体系，这对于素质教育背景下我国体育教学的发展是非常有利的。在信息化发展的今天,可以多多利用各种信息技术来改造与创新体育教学方法,通常能获得不错的效果。

(四)重视新的教学技术的应用

伴随着时代的发展,各种高科技手段也大量涌现出来,在社会的各个领域都发挥了非常重要的作用。如今,学校教育也充分利用了各种新的教学技术手段,进一步提升了教学质量。因此,在体育教学中,也要重视新的科学技术的利用。

在当今素质教育背景下,我们要继续发挥科技的优势,继续利用科技手段来提高与完善教育技术,使体育教学彰显出时代性、先进性、创新性。在众多的教学技术中,多媒体技术有着良好的发展前景,体育教师要多引进学生喜闻乐见的多媒体手段,充分激发学生学习体育的兴趣,提高学生主动参与体育锻炼的意识,这对于学生终身体育意识的形成也具有重要的促进作用。

第七章　素质教育视角下高校体育教学模式的设计与改革

体育教学模式是高校体育教学体系中的重要组成部分，加强体育教学模式的设计与改革对于素质教育背景下我国高校体育教学的进一步发展具有非常重要的意义。本章在阐述体育教学模式基本理论体系的基础上，重点研究与探讨高校体育教学模式如何创新与发展。

第一节　体育教学模式理论体系

一、体育教学模式的概念

关于体育教学模式的概念，历来就存在着不少的分歧，学者们进行了积极的探索，主要包括以下几种说法：

学者毛振明认为体育教学模式是按照一定的体育教学理论或教学思想设计，具有相应结构和功能的体育教学理论或教学活动模型。

学者杨楠认为，体育教学模式是体现某种教学思想或规律的体育活动的策略和方式，它包括相对稳定的教学群体和教材、相对独特的教学过程和相应的教学方法体系。

学者方建新、俞小珍认为，体育教学模式是在一定的体育教学思想指导下，具有一定典型意义而相对稳定的课堂教学结构。

它是一种可遵循的标准样式和标准结构。

学者吴涛认为,体育教学模式是在一定的体育教学思想指导下,围绕体育教学中的某一主题,形成的相对稳定的、系统化的和理论化的教学范型或模型。一般包括教学思想、教学目的、操作程序、师生关系、教学条件等要素。

综上所述,体育教学模式就是在一定的教学思想的指导下,以丰富的教学实践经验为基础,完成特定的教学目标和内容,形成较为稳定的教学结构理论模型和实践活动方式。体育教学模式设计的成功与否会对体育教学质量产生非常重要的影响。

二、体育教学模式的特征与功能

(一)体育教学模式的特征

1. 整体性特征

一个完整的体育教学模式主要由理论依据、教学目标、操作程序、实现条件、教学评价等要素构成,正是在这些要素的推动下才形成了完整的教学模式。体育教学模式体现了教学过程中的某个方面,展示了教学过程中各种因素之间的动态关系,从全局上把握教学过程的始末,具有完整的特点。

体育教学模式的发展对于体育教学质量的提高具有非常重要的意义,可以说,一个新的体育教学模式的形成就代表着一个教学系统的改变,在新的教学思想的基础上,全局把握教学过程的始末,教学过程中很多因素相互之间处于动态联系的状态,具有综合性的特征。体育教学模式的形成必然会导致教学程序的整体优化,如果只是局部做出改变,是很难产生良好的体育教学效果的。

2. 稳固性特征

体育教学模式并非一时一日而成,而是经过长期的反复不断地实践才建立和形成起来的。体育教学模式遵循体育教学活动的普遍规律,但它并不包含具体的学科,其提供的程序对教学起到参考作用,具有一定的稳固性特征。教学模式是根据教学理论和教学思想构建起来的,一定的教学理论和教学思想是一定社会的产物。教学模式与历史时期的社会政治、历史、经济、文化教育的发展水平相联系,都受到教育方针和教育目的的制约和限制。

另外,创新的体育教学模式的出现都是建立在旧有的体育教学模式基础之上,它呈现出一定的稳固性特征。在任何情况下运用这种模式教学,基本的程序和主要的环节都不会发生很多变化,如果发生了巨大的变化,说明体育教学模式还没有真正的形成。

3. 多样性特征

在体育教学中,教学中的每一个环节构成逻辑联系时,呈现出不同的模式,当每个环节构成一定逻辑关系时,具有不同的模式,但是教学不能模式化,不能用唯一代替多样。每一种教学模式都有自己的特点,也有自己的适用范围和重点针对的对象。没有普遍的教学模式,体育教师可以根据教学目标的要求、自身条件、学生个性等制定各种有利于体育教学活动开展的教学模式。

世界上不存在一种万能的体育教学模式,实际上,每个教学模式都有不同的特点,都有一定的优势和缺陷。另外,绝大部分的体育教学模式一般都有一个大致适应的范围,比如适合什么类型的教材、学生、场地设施条件等,由于各个体育教学模式的特点不同,其对应的范围也会有大有小。体育教师在选择与制定教学模式时需要注意。

4. 可操作性特征

一方面,体育教学模式容易被体育教师所模仿。体育教学模式不仅是教学理论的操作化,同时还是教学实践的概括化。体育教学活动在时间上的开展以及每一教学步骤的具体做法都需要教学模式提供相应的逻辑结构与思维,也就是所说的操作程序。

这使得体育教学模式具有较强的可操作性。

另一方面,体育教学模式的操作程序是处于基本稳定状态的,究其原因,主要是因为体育教学活动的特殊性、复杂性以及影响体育教学的主要因素不能受到精确控制。关于此,比较具有代表性的是魏书生同志创立的"六阶段教学论",虽然从总体上看,教学是按照提出教学要求→组织学生自学→师生讨论启发→开展实践运用→及时作出评价→系统总结"这样的程序进行的,而且教学程序是不可逆转的,但是,其中某些步骤可以以教学实际情况为主要依据进行压缩、省略和重叠。这充分表明体育教学模式具有显著的可操作性特征。

大量的事实表明,体育教学模式具有较强的针对性,但在不同条件与环境下开展体育教学,其产生的体育教学模式也表现出一定的差异性,也会因不同的教学指导思想和理论而表现出一定的差异性。但是一旦确立了体育教学模式,就可以代表一定的教学思想和理念,也就表明某一特定的条件下的具体操作的稳定性和可模仿性,具体相同的理念和外在条件,便可以容易地被体育教师所模仿,这就是体育教学模式的稳定性特点。需要注意的是,随着现代社会的不断发展,这也要求体育教学模式要顺应时代发展的趋势,加强改革与发展,从而促进高校体育教学的进一步发展。

(二)体育教学模式的功能

体育教学模式具有多种多样的功能,这些功能主要体现在以下几个方面:

1. 简化功能

体育教学活动具有一定的特殊性和复杂性,在处理这种特殊性和复杂性时要想取得理想的效果,除了需要人们的思辨和文字的处理方式外,还需要借助其他一些简单明了的方式。这样一种方式,能够将各系统之间的次序及其作用和相互关系较为清晰地表达出来,这样方便使人们对事物形成一个整体的印象。体育教学结构能够反映出各环节、各要素的关系,除此之外,也能够很好地反映体育教学活动的组织结构和流程。

总之,体育教学模式的这一功能是非常重要的,其与现代体育教学任务是相符的,主要表现在三个方面:第一,对体育知识的学习和体育技术、体育技能的学习与掌握非常重视;第二,对学生的学习目标和教师的设计方案非常重视;第三,在充分反映教学理念的同时,对具体的操作策略也非常重视。由此可见,体育教学模式具有较强的可操作性,其结构和机制也较为完整。另外,体育教学模式与抽象的理论相比更具体和简化,有利于体育教师组织与开展教学活动。

2. 预测功能

体育教学模式还具有一定的预测功能,这一功能主要体现在,它能准确地对体育教学进程和结果作出判断,或者对体育教学进程和结果进行合理估计,甚至可以对教学结果假说进行建立。通常以某种教学模式的内在与本质规律及其现象为主要依据来对该模式进行预测。例如,快乐体育教学模式既注重学生在学习过程中的学习体验,也强调学生对运动技能的掌握,从而为学生的终身体育打下良好的基础。

一般来说,体育教学模式的预测功能主要体现为以下两个方面:

一方面,如果在教学过程中没有达到预期的教学目标,说明实际与预测存在一定的差距,需要进行合理、正确地调整。

另一方面,如果在教学过程中达到了预期的教学目标,说明与事先的预测是相吻合的,证明理论与实践是相统一的。

作为体育教师,一定要把握好体育教学模式的这一功能,制定出科学的教学模式,对体育教学做出合理的预测。

3. 解释与启发功能

体育教学模式还具有非常重要的解释与启发功能。以发展体能教学模式为例来说，这一教学模式的建立给人以整体的框架，其中的文字解释能够让我们对教学模式有一个更加深入的理解。具体来说，发展体能教学模式中所蕴含的理论知识主要从三个方面得以体现：首先，阶段性的体能目标实施与反馈控制理论；其次，体育教学系统地、长期地发展体能的指导思想；最后，非智力、非体力因素参与体育活动并促进技能教学的发展理论。

体育教学模式的这一功能可以从教学目标的制定与教学过程实施的形成性评价中体现出来。

第一，预先进行体能测验，实施诊断性评价。

第二，以学生的身体条件与身体素质的侧重点为依据合理安排教学单元的内容。

第三，有针对性地按照单元中的体能目标进行练习，并力争达成既定的目标。

第四，对学习效果进行总结，实施总结性评价。

第五，以评价的结果为依据来采取相应的矫正措施。

4. 调节与反馈功能

一个体育教学模式是否科学和合理需要通过具体的教学实践检验才能得出结果，由此可见，体育教学模式具有重要的调节与反馈的功能。体育教学模式是依据具体的教学指导思想、教学条件和教学环境来进行采用与实施的。例如，在实际的运用过程中，如果某一种体育教学模式没有达到预先制定的教学目标，就需要具体分析教学模式操作过程中的各个环节与因素，并找出其中的影响因素，然后采取有针对性的措施和手段加以解决。

第二节　当前教育背景下常见的体育教学模式

一、目标教学模式

（一）目标教学模式的概念

目标教学模式是当今体育教学较为常用的模式之一，这一教学模式的核心在于系统的教学目标，它通过从整体上对教学活动进行设计与管理来获取最佳的教学效果。

目标教学模式可以说是一种基于控制论的教学模式，它是在充分考虑体育教学目标的基础上提出来的。在这一教学模式下，体育教学系统能通过反馈和控制机制动态地实现预定的教学目标。这一教学模式的重点在于以体育教学目标为依据。

（二）目标教学模式的运用

随着时代的不断发展，这一教学模式的逻辑关系和形式结构更加复杂，但其也存在缺乏特别的教学策略、强调"双基"等弱点，这就需要体育教师在体育课程教学过程中能够灵活地运用先进的教育思想与教学策略，形成独具个性的体育教学风格，然后针对具体的教学实际设计出体育教学目标群，在此基础上确定体育教学模式。

二、范例教学模式

（一）范例教学模式的概念

范例教学模式是指教师讲授一组相关知识中最本质与典型的案例，然后引导学生探寻其中的规律，对同类知识进行举例，提升学生自我解决问题的能力。这一模式非常符合“以人为本”“个性化”教学理念。

在具体的体育教学过程中,范例教学模式的利用对于学生快速掌握体育的基本知识、正确理解体育技能具有十分重要的意义,因此得到了不错的发展。

(二)范例教学模式的应用

在具体的体育教学中,应用范例教学模式需要注意以下几个方面的内容:

第一,分析体育教学内容的重点与具有普遍性意义的内容,通过范例的探讨,使学生了解应掌握的原理、规律、方法和态度。

第二,分析体育教学内容的特点,并设计相应的教学手段、教学方式和作业。

第三,分析体育教学中的问题在全部教学内容中的地位、本课题内容的结构特点和组成课题的各种要素以及各要素之间的重点、难点、层次和联系等。

第四,分析该体育教学内容对于学生各方面素质发展的意义。

体育教师运用范例教学模式的过程中,应遵循以下教学程序:

第一,系统地阐明“个”的阶段,即教师以个别事实和个别对象为例,具体地说明事实的本质。

第二,范例性地阐明“类”。教师从对个案的认识出发,通过对个别事例进行归类,并从中探讨“类”似现象。

第三,教师在前面两个阶段的基础上,进一步探讨“类”的背后隐藏的某种规律性的内容。

第四,通过体育教学,学生获得了基本的学习经验,提高了自主学习的意识。

三、领会式体育教学模式

（一）领会式体育教学模式的概念

领会式体育教学模式强调先尝试，后学习，使学生在尝试中对学习运动技术的重要性有所认识，从而促进学生学习主动性的提高。这一模式主张学生在具体的实践中去发现问题，然后根据问题选择相应的教学方法，能有效激发学生参与体育教学的积极性。

领会式体育教学模式的运用中，学生先进行初步体验，体会学习正确动作的必要性，然后教师根据学生实际情况，对教学方法进行正确的选择，从而促使学生产生强烈的学习动机和欲望，进而调动学生学习的积极性，提高学习效率。

在具体的体育教学实践中，教师可通过组织一些比赛来使学生进行初步体验，但需要注意的是，在最初，受学生运动基础的影响，比赛可能会无法顺利进行，不可避免地出现比赛秩序混乱等现象，体育教师要采取合理的措施与手段解决。

（二）领会式体育教学模式的运用

在具体的高校体育教学实践中，运用领会式体育教学模式需要注意以下几个方面的要求：

（1）在教学过程中应先采用完整教学法，后采用分解教学法，当学生对个别动作都有所掌握后再进行完整教学，从而对学习前后的效果进行比较。

（2）竞赛是教师在运用领会式体育教学模式进行教学时经常采用的组织形式之一，体育教师一定要在详细了解学生的实际情况基础上，以此为依据组织各种竞赛活动，通常能取得不错的教学效果。

四、快乐式体育教学模式

（一）快乐式体育教学模式的概念

快乐式体育教学模式主要是将体育运动中的无穷乐趣作为体育教学追求的主要目标。快乐式体育教学重视每一项运动所包含的不同乐趣，把运动中内在的乐趣作为目的和内容来学习。快乐式体育教学强调教师重新认识现有的体育教材内容，并对其进行分类，对新的教材体系进行构建，使学生体会不同的乐趣，对体育运动的本质加以掌握，这对促进体育教学深度的增加是有利的。因此，我国相关专家、学者指出，快乐式体育教学能够在增强学生身体素质的同时，促使学生养成积极参与体育锻炼的良好习惯，值得大力提倡和推广。

如今，“以人为本”的教学理念深入人心，体育教师在教学过程中要从学生的角度出发，站在学生的立场，重新审视学校体育的价值问题，并重视学生的终身体育意识的培养和健康生活方式、态度的形成。在良好的体育教学氛围下培养学生的终身体育意识与习惯。

大量的实践表明，快乐式体育教学模式能有效激发学生学习的积极性，促进学生学习水平的提升。这一教学模式要求在无运动技术要求的情况下增加练习的时间，从而提高运动技能。此外，这一模式也特别注重感情因素和情感体验的发展，从而能很好地提高学生的心理素质水平。

（二）快乐式体育教学模式的应用

应用快乐式体育教学模式需要注意以下几个方面的要求：

（1）体育教师要充分利用自身的优势，不断地改造教学条件和环境。

（2）体育教师不仅要从整体上对教学思路加以重视，还要对单元设计予以足够的关注。

（3）体育教师还要学会采用不同的教学方法营造体育教学氛围，使学生真正在体育学习的过程中体会乐趣。

（4）体育教师还应不断地变化教学组织形式，激发学生学习的兴趣，满足学生的多种体育需求。

五、成功式体育教学模式

（一）成功式体育教学模式的概念

成功式体育教学模式具体是指通过运用合理的方法与措施，引导学生制定个人学习目标，而且要争取凭借自己的努力实现目标，对其中的成功感进行体会，使学生身心都得到良好发展的一种教学模式。这一模式最主要的价值就在于其可以促进学生学习体育的自信心的提升，促进学生身心的全面发展。

在素质教育背景下，这一教学模式与素质教育相吻合。作为素质教育的重要途径之一，成功式体育教学模式的主旨是让学生亲身体验到体育学习的乐趣。它重视教师的奖励性，有利于学生认识自己，树立学习的信心。从评价的角度上来说，成功式体育教学模式的评价特征为激励性评价，激励性评价的标准是个体参照标准，具体来说，就是在技能上以学生的自我纵向比较，在情感上以学生自我的心理体验来评价。这在现代体育教学中具有十分重要的意义。但值得注意的是，成功式体育教学模式也存在一定的缺点：对于体育教师综合素质要求较高，并且并不适用于所有的学生。这一点要引起高度重视。

（二）成功式体育教学模式的应用

在具体的体育教学实践中，应用成功式体育教学模式需要注意以下几个方面的要求：

（1）体育教师应努力创造一个和谐、温暖的学习环境。

（2）强调竞争与协同。

（3）运用相对评价与绝对评价相结合的方式。

（4）应让学生多体验成功，但对过程中的失败也并不否认。

（5）充分考虑学生的个性特点实施教学模式，注意学生学习能力的培养。

六、情境式体育教学模式

（一）情境式体育教学模式的概念

情境教学这一模式使情感的驱动与纽带作用最大限度地发挥出来。体育教学创设情境能发挥情感的驱动作用主要由室外的体育活动本身所折射出的活动魅力所决定。利用体育情境能够对逼真的形象进行塑造，能够使学生置于该情境所渲染的美好氛围中，学生能够从中感受客观事物，发挥想象，达到“物我合一”和“物情合一”的境界，同时学生对于教材的情感体验也会逐步加深，从而对体育游戏活动能够积极主动地参与。

在体育教学中创设情境能帮助学生发散自己的思维，调动学习的积极性，从而促进学生学习主动性与自觉性的提高，通过创设情境可以优化教学环境，促进学生思维能力的充分发展。除此之外，创设情境还能有效地促进学生审美意识的提升，提高学生欣赏美和鉴赏美的能力。

（二）情境式体育教学模式的应用

在素质教育背景下，情境式体育教学模式非常符合当今体育教育的理念与要求。教师在应用这一模式的过程中要注意对故事性游戏素材的不断更换，选取对学生能够产生深刻影响的素材，以此来提高教学效果。发展到现在这一教学模式在体育教学中得到了非常广泛的运用，深受教师和学生的欢迎和喜爱。

第三节　创新的体育教学模式及应用

在素质教育改革与发展的背景下,体育教学模式也必须要紧跟时代发展的步伐,加强创新与发展。近些年来,在体育教学中也逐渐出现了一些比较新颖的体育教学模式,下面重点介绍其中两个体育教学模式。

一、专项导师制体育教学模式

专项导师制体育教学模式打破了传统的自然班级体育教学模式,由学生根据自己的体育兴趣和爱好,选择相应的体育项目进行上课,并且相关项目的教师也根据学生选修的情况,调整自己的教学方法和内容,并对选修的学生进行负责。这一模式非常符合“个性化”的教学理念,也与当今素质教育的理念相吻合,因而值得提倡和推广。

在专项导师制体育教学模式下,学生参加体育活动的积极性能得到极大的提高,同时学生在课内和课外也都能得到很好的指导,这对于学生掌握体育知识和技能具有重大的帮助。

二、“翻转课堂”体育教学模式

“翻转课堂”体育教学模式是让学生在上课前观看体育教学视频或课件,课中师生进行讨论,并解决问题,内化知识,课后互相反馈总结的一个整体过程。

翻转课堂这一教学模式能有效增加学生与体育教师之间的互动,同时是学生个性化体育学习的一种手段。这一教学模式的实施情况如下所述:

(一)体育教学资源的准备阶段

在上体育课前,体育教师根据体育教学大纲,确定本节课的教学目标,确立本节课的教学内容,并利用网络技术制作本节课的课件和教学视频等学习资源。

学生要及时在网络平台上学习相关的课程内容,观看教学视频和课件,并查找相关资料,根据自己的体会,找到自己的问题。

(二)体育教学的实施阶段

在教学的过程中,体育教师要根据学生的技术动作和学习态度情况,进行纠正和指导,并解决学生提出的问题,参与学生的问题讨论。

在学习的过程中,学生可以对教师的教学过程进行录像,并根据教学内容练习相关的技术动作,根据教师的指导情况,纠正自己的错误动作,解决各种疑难问题。

(三)体育教学的总结阶段

这一阶段主要是体育教师上传教学录像,并根据学生提出的问题,修改完善自己的教学资源。学生根据老师提出的问题,课后进行主动练习,并巩固相应的技术动作。

大量的实践表明,“翻转课堂”体育教学模式能有效激发学生的学习兴趣和动机,培养学生自主学习、探究学习的能力,对于体育教学质量的提高具有重要的意义。需要注意的是,“翻转课堂”体育教学模式对教师的业务能力要求较高,需要体育教师不断提高自己的能力和素养,这才符合素质教育发展的要求。

第四节　素质教育视角下高校体育教学模式的变革与发展

在素质教育背景下，高校体育教学模式也进行了一定的改革，改革的目的都是促进体育教学质量的提高。高校体育教学模式的改革与发展要建立在当今素质教育的基础之上，制定出的教学模式要能促进学生的全面发展。

一、素质教育背景下高校体育教学模式的发展趋势

（一）体育教学模式的研究更加精细化

伴随着体育教学理论研究的进步，体育教学模式的研究也必将进一步深化与发展。

（1）在未来的发展中，体育教学模式的研究必将从对一般教学模式的研究走向学科教学模式的研究，再到课堂教学模式的研究。

（2）体育教学模式的研究趋向于精细化，包括学期教学模式、单元教学模式、课时教学模式。精细化可以说是体育教学模式研究的必然趋势。

（二）教学目标向着情意化发展

大量的研究表明，智力因素和非智力因素都会对学生的学习产生重要的影响。现代体育教学模式的不断发展也逐渐对传统教学活动中过于强调智力因素，而忽视非智力因素的作用等状况进行了改善，并取得了良好的效果。现代体育教学模式的目标在使学生增长知识，培养学生能力的同时，更加注重人格教育、品德教育、情感教育与知识教育的结合。随着人们对人本主义心理学越来越重视，学生的情感陶冶也开始备受关注，并将情感活动视

为心理活动的基础,对学生独立性、情感性和独创性进行了更加全面的培养。例如,情境式体育教学模式和快乐式教学模式通过问题情境的创设,提高教学过程的新奇与趣味性,使学生的学习兴趣得到有效激发,从而产生一种强烈的学习动机,这种动机下学习和掌握体育知识技能带有很强的情意色彩。

(三)教学形式向着综合化发展

体育教学形式的综合化发展主要指的是体育教学模式向着课内和课外一体化方向发展。这一发展趋势与素质教育的要求是相符的,因此有着重要的意义。

在体育教学中,受时间的限制,课内的时间不能充分培养和发展学生自动化的运动技能与锻炼身体的习惯。这就需要在教学中,安排充足的课外时间进行练习和巩固,而课内的主要任务就是学习新知识,并针对错误的动作做进一步改进。

(四)教学实践向着现代化发展

随着现代教育和科技的快速发展,学校体育教育在教学手段方面也得到了很大程度的突破,各种教学实践活动呈现出较为明显的现代化特点,并逐渐实现了对传统体育教学方法的改革和创新。在现代体育教学活动中,先进技术产品和手段的运用也在很大程度上提高了体育教师的授课效率,同时也进一步增强了学生学习的兴趣,调动了他们主动学习的积极性。目前,现代体育教学模式已经开始与现代教学技术手段相融合。由此可见,在体育教学模式中引入和运用先进的技术手段是其发展的重要趋势。

(五)评价标准向着多元化发展

不同的体育教学模式自然会有不同的评价方式。伴随着当今素质教育的日益深入,体育教学模式也出现了一定的变化。以往那种单一的评价方式是很难对某一体育教学模式的科学性作出全面、客观的反映。这就要求在评价时要采用全面的评价方式。

在传统教育背景下,体育教学模式过于重视结果评价,而忽视对学生学习和实践过程的评价,这就使得学生的学习兴趣、爱好、情感反应等方面很难得到全面的体现和反馈。而在素质教育背景下,体育教学模式逐渐摆脱了单一的终结评价方式,开始重视学生的学习过程评价、单元评价,以及学生的自我评价等。

二、素质教育背景下高校体育教学模式发展的对策

(一)明确体育教学模式的指导思想

近些年来,素质教育理念在我国的各级学校中都得到了很好的贯彻与落实。我国在体育教育中积极贯彻素质教育理念,并明确提出要将"健康第一"作为学校体育教育的重要指导思想之一。学校体育教学的发展,一方面要积极转变教学思想,更新教学理念,将"健康第一"确立为体育教学模式的指导思想;另一方面教师要在教学活动中对如何更好地贯彻"健康第一"的思想进行积极的探索,对与学生特点相符并有利于学生主观能动性积极发挥的教学方法进行科学的研究与运用。此外,体育教师还要在深入贯彻素质教育理念的基础上,以"健康第一"为指导思想构建与创新体育教学模式,从而为促进体育教学的发展贡献自己的力量。

(二)积极探索适合本校实际的体育教学模式

在素质教育发展的今天,体育教学模式越来越多,在这样的情况下,体育教师显得无所适从,没有明确的选择方向,犹犹豫豫,无法做出决断。但是,因为不同学校的体育设施、办学条件、体育传统、师资力量等都有一定的差异,即使采用同一种体育教学模式,也会有不同的效果产生。这就要求体育教师不能一味地对现成的体育教学模式加以引用,而应在对本校特点与各方面资源条件进行综合考虑的基础上,对现有的体育教学模式进行合理的改进,并对既与时代发展要求相符,又与本校实际相符的体育

教学模式进行积极的探索。

(三)努力提升体育教师的综合素质

在素质教育背景下,素质教育对学生的综合素质发展也提出了更高的要求,学生综合素质的培养则需要高素质的体育教师进行指导。因此,学校不仅要关注学生综合素质的培养,还要对师资队伍的培养予以重视,促进体育师资力量的不断强化,以使其能够与教育发展和社会发展的需求相适应。学校可对培训活动进行定期组织,以促进体育教师科研水平的提高;学校也要对激励机制与竞争机制进行科学的建立,以此来对体育教师进行有效的鼓励,使其能够自觉地提高自身的业务能力;学校也要重视对体育教师创新意识及创新能力的培养,从而促进其执教水平的增强。体育教师的科研水平、业务能力、执教水平得到进一步的提升后,才能构建出科学合理的体育教学模式。

第八章　素质教育视角下高校体育教学评价的改革与发展

在素质教育背景下,高校体育教学也顺应学校教育改革的形势在各个方面都做出了明显的改变。如完善体育教学内容、改革体育教学方法等。其中体育教学评价的改革也是重要内容之一。在素质教育视角下,加强高校体育教学评价的改革与发展尤为重要。本章就在阐述体育教学评价基本理论的基础上,重点研究与探讨体育教学评价如何创新与发展。

第一节　体育教学评价理论体系

一、体育教学评价的概念

在体育教学活动中,体育教学评价是必不可少的一项内容。通过体育教学评价,体育教师能够得到及时的反馈信息,从而以此为依据制定体育教学方案或计划。

关于体育教学评价的概念,历来就存在着一定的争论。不同学者有不同的看法,有学者认为,体育教学评价,是按照一定的教学目标,运用科学的教学方法,依据相应的评价标准,对体育教学的过程和结果等给予的价值评判,其目的在于为改进体育教学的质量提供相应的信息和依据,最终实现学生的全面发展。还有的学者则认为,体育教学评价是依据体育教学目标和原则,对“教”

和“学”两个方面进行的价值判断和测评。

综上所述，可以归纳出体育教学评价的概念。体育教学评价是对结果和过程的价值判断，它既包括对教师也包括对学生的评价，同时，它对教学活动的目标、内容、手段、方法等各方面诸多因素都会进行相应的评价。其评价的重点则在于体育教学的质量和学生的学业成就方面的评价。

二、体育教学评价的主要类型

一般来说，体育教学评价主要包括以下基本类型。体育教师在具体的教学评价中，尽可能地将以下几种类型结合起来使用，如此才能取得理想的教学评价效果。

（一）定量评价和定性评价

依据教学评价的方法进行分类，可以将体育教学评价分为定量评价和定性评价两大类。

1. 定量评价

定量评价主要是对评价资料做出定量结论的评价，一般情况下，主要是从“量”的角度来分析相关资料和数据从而得出相应的结论。这一种评价方式在体育教学中比较常见。

2. 定性评价

定性评价主要是对评价项目的优劣程度或指标体系中项目要求的程度来表达的标准。与定量评价相反，它主要是从“质”的方面来评价体育教学效果。

总体而言，以上两种评价方法都不是完美的，都有自身的优点和缺陷，只有结合起来使用才能取得理想的评价效果。

（二）过程评价和结果评价

依据教学评价的内容划分，可以将体育教学评价划分为过程评价和结果评价两种。

1. 过程评价

过程评价有着非常广泛的适用范围，这一评价方式主要是在体育教学过程中对学生接受情况、时间、费用等的总结性评价中进行。通过这一评价方式能得出相对客观的评价结果。

2. 结果评价

结果评价是指对体育教学活动实施后的效果评价。这一评价方式能充分发挥完成总结性评价的功能，能对学生的最终学习情况做出一个大体的评价。但是这一评价方式比较片面，不能很好地反映学生的具体实际，需要结合过程评价使用。

（三）诊断性评价、形成性评价和总结性评价

依据教学评价的功能进行划分，可以将体育教学评价分为以下三种类型：

1. 诊断性评价

诊断性评价先于体育教学活动开始，这一评价方式主要是对学生的学习态度、体育知识、体能与心理、运动水平等进行摸底测试，从而确定学生的综合水平。这一评价方式具有极强的针对性，能帮助体育教师初步了解学生的基本能力。

2. 形成性评价

形成性评价是指为获得良好的体育教学质量而不断进行评价的方式。通过这一种教学评价方式，体育教师能及时了解学生的学习情况和教学效果，从而为教学方案的制定提供真实客观的

依据。

3. 总结性评价

总结性评价指的是对体育教学活动的总结和评价。这一评价类型主要应用于某一个教学阶段结束后。总结性评价非常重视教师“教”与学生“学”的结果，这一评价方式比较片面，需要结合形成性评价使用。

（四）自身评价、相对评价和绝对评价

依据评价基准可以将体育教学评价分为自身评价、相对评价和绝对评价三种类型。

1. 自身评价

自身评价主要是评价者对自身各方面能力做出的评价。只有评价者自己能充分了解自身实际，因此通过这一评价方式，能得出比较真实的评价结果，评价者从而根据这一评价结果制定和调整教学计划，促进自身运动能力的发展。

2. 相对评价

相对评价是指在被评价对象的集合或群体中建立一定的基准，进而将各个对象与基准进行逐一比较，来对群体中每一成员的相对优劣进行对比的评价。

这一评价方式的优点在于甄别性较强，有着广泛的适用性；缺点则是评价结果不够客观。

3. 绝对评价

绝对评价是指以体育教学的目标为主要依据，对体育教学设计方案、教和学的成果等进行的评价。这一评价方式的优点在于评价标准相对客观，能很好地反映学生的学习情况；缺点是欠缺一定的可操作性。

总之，伴随着学校教育的不断发展，体育教学评价的类型也日益丰富。体育教师可以结合具体实际合理地选择评价方式。但是任何评价方式都不是万能的，都有自身的优势和缺陷，需要结合起来使用才能取得理想的评价效果。

三、体育教学评价的特征

在学校教育中，体育属于一门个性比较鲜明的课程，其教学评价也呈现出别样的特点。

（一）动态性特征

在传统教育背景下，我国就比较重视教师和学生的结果性评价，但是，这一评价方式的客观性不强，不能很好地反映体育教学情况，需要结合其他手段使用。体育教学评价的内容，主要包括教学结果评价与教学过程评价两方面的内容，二者要有机统一起来进行。

在具体的体育教学评价中，是否取得了理想的体育教学评价效果，主要看这一过程是否有利于达到预定的教学目的，而在评价结果时还要充分考虑评价过程中的各项因素，这样有助于取得理想的教学评价结果。

（二）发展性特征

体育教师要以体育教学目标为根本出发点和落脚点展开具体的教学评价活动，其中的主要原因在于离开了体育教学评价目标，整个评价活动就会无的放矢，显得非常杂乱。受传统教育观念的影响，对于体育教学而言，一切教学活动都是为了帮助学生提高学习成绩和提升运动技能。这种评价方式在现代社会背景下是比较落后的，不能很好地促进学生的全面发展。因此说，体育教学评价目标还具有发展性的特征。

（三）过程性特征

在素质教育发展的背景下，体育教学过程评价越发受到重视。这一种评价形式是全程跟踪学生的学习与表现情况，实时分析学生的优点与缺点，针对学生的这些学习情况进行细致地分析，给予学生有针对性的指导，这非常有利于体育教师及时修改与改进教学方案或计划，有利于体育教学活动的顺利开展。

在具体的体育教学过程中，体育教师要及时了解每一名学生的学习情况，并给予相应的评价。可以通过口头评价的方式及时评价学生的学习情况和情意表现，这能有效地促进师生之间关系的和谐与完善，为体育教学质量的提高奠定良好的基础。

（四）多样性特征

伴随着学校教育的逐步进行，体育教学评价方式也呈现出越来越多样化的趋势，但需要注意的是，没有一种评价方法是万能的，它们都存在着一定的优点和缺点。因此这就要求体育教师在具体的评价活动时应以实际需要为主要依据，运用多种评价方式进行评价，以保证评价结果的准确性和可靠性。如体育教师可以在平时的教学中细致地观察学生的表现并作好必要的记录，制定成长资料袋，及时了解学生的变化情况，这样才能为体育教学评价积累真实客观的数据和资料，有利于教学评价活动的开展。

第二节　当前常见的体育教学评价手段及利用

在素质教育发展的背景下，观察、问卷和测验等是几种较为常用的教学评价手段，这几种评价手段都有着不同的适用范围，需要根据具体的实际情况合理的选择。

一、观察评价手段

观察是指通过对评价对象有目的的、细致的观察，从而获得大量的评价资料。这一评价手段能为评价者提供真实客观的依据。例如，在平时的体育教学中，体育教师要想更好地了解学生的学习态度、学习情况，就需要深入学生之中进行实地观察，充分了解每一名学生的学习特点与学习水平，这样才能为体育教学评价提供真实客观的事实依据。

通过观察手段的利用，评价者能获得评价对象的丰富的心理活动状态资料，从而为评价活动提供客观真实的依据。由此可见，这一评价手段非常重要，需要体育教师掌握和利用好。

二、问卷评价手段

在学校体育教学评价中，问卷评价手段也较为常用。这一评价手段是指体育教学评价的主评人员利用书面形式向被调查者提出预先设计好的问题，要求被调查者回答问卷中的各项问题，最终获得评价信息的手段。问卷这一评价手段主要是通过书面形式获取信息和资料的，评价者在制定问卷时一定要本着客观实际的原则进行，制定的问卷一定要具有可操作性，这样便于评价活动的顺利进行。

在素质教育背景下，问卷这一评价手段得到了广泛的利用，这一评价手段主要表现以下三个方面的特征：

第一，评价人员的隐蔽性。问卷这一手段能很好地隐藏评价人员的信息，从而能确保调查信息的真实性和客观性。

第二，问卷取样的广泛性。问卷这一手段能有效提高获取信息的效率，同时还有取样广泛性的特点，由于取样范围较广，因此得到的数据就更加具有代表性。

第三，问卷这一评价手段还具有时间范围可调节性的重要特点。问卷这一手段便于评价者进行实时的调整，有利于评价活动的顺利开展。

三、测验评价手段

测验也是一种重要的教学评价手段。这一评价手段主要是利用考试、技评以及达标等途径，全面搜集学生的体育学习态度、体育学习行为的综合结果的重要途径。同时，测验也是一种有组织、有计划、有针对性地获取大量的评价信息和资料的评价手段。在素质教育背景下，这一评价手段得到了广泛的利用。

（一）体育理论知识的测验

体育教学内容体系非常丰富，学生不仅要学习体育运动技术，还要学习体育常识、体育文化知识、竞赛规则、运动卫生等各方面的知识。在对学生进行测验时，要全面地评定学生灵活运用知识的能力。

（二）身体素质测验

身体素质主要包括速度素质、力量素质、耐力素质、灵敏素质以及柔韧素质等多方面的素质。这几项素质的发展非常重要。在具体的体育教学过程中，身体素质的测验是必不可少的一个环节，做好身体素质的测验十分重要。

（三）运动技术的测验

运动技术测验也是体育教学评价的重要内容。在体育教学中，少不了技术动作的习练，不论是一般技术动作的习练还是专项技术动作的习练，学生都要熟练掌握，并通过反复不断的练习提高运动水平。运动技术测验就是指依据技术动作的基本规格，准确客观地测评学生的技术动作状况。通常情况下，这一测验手段主要包括以客观测量数据为主要依据的客观测验和以技术动作质量为依据的技术评定两种形式。在具体的体育教学评价中，可以结合起来使用，通常能获得不错的评价效果。

（四）体育情感行为测验

人具有各种各样的情感，针对不同的情境，人都会表现出不同的情感行为反应。一般情况下，人的情感行为主要包括兴趣、态度、动机、个性以及群体行为等各方面的内容。体育教学在一定程度上会受到参与者情感行为的影响，同时体育教学也能够作用于人的情感行为。因此，对学生的体育情感行为进行测验也是尤为重要的。

以上几种教学评价手段都是在体育教学评价中比较常用的，体育教师可以依据自身的能力，结合学校具体实际合理地选择与运用这几种评价手段。

第三节　体育教学中的师生评价

一、体育教师教学评价

（一）体育教师基本素质的评价

体育教师在体育教学中扮演着十分重要的角色，理应受到高度重视。作为一名合格的体育教师，一定要在平时注意提高自己的综合素质。通常来说，这些综合素质主要包括政治素质、知识结构素质、能力结构素质等多个方面，一定要在平时的教学过程中加强这几项素质的培养。

1. 政治素质

政治素质是体育教师必须具备的一项基本素质。体育教师所要具备的政治素质主要包括思想道德修养、工作与学习态度、教书育人、遵纪守法、为人师表、文明行为习惯等几个方面。

2. 能力结构素质

体育教师的能力结构素质主要包括以下内容：

第一，体育教学工作能力。

第二，组织与管理体育教学活动的能力。

第三，出色的语言表达能力。

第四，指导与管理学生的能力。

第五，设计与开发体育教学资源的能力。

第六，体育教学创新意识与能力。

3. 知识结构素质

作为一名体育教师，必须要具备扎实的知识结构，这是提高教学质量的关键。体育教师的知识结构素质评价主要包括以下内容：

第一，扎实的体育专业知识。

第二，基本的体育理论与常识。

第三，体育教育学、运动生理学与心理学理论等各学科理论基础。

第四，体育教学实践能力。

4. 身心素质

作为一名合格的体育教师，还必须要具备良好的身心素质，身心素质评价也是体育教师教学评价的一项重要内容。

（1）身体素质

体育教师身体素质的好坏对学生的体育学习产生至关重要的影响。因此在体育教学评价中一定不要忽略这一方面的评价。

（2）心理素质

体育教师还要具备良好的心理素质，这能潜移默化地对学生的学习产生积极的影响。体育教师需要具备的心理素质主要包括敏锐的观察力、缜密的思维能力、良好的教学态度等。

5. 教师自身发展的素质

现代社会的发展速度非常之快，在素质教育发展的背景下，体育教师一定要跟上时代发展的潮流和节奏，不断充实与完善自身的素质，获得进一步的发展。

第一，运动理论的理解与接受能力。

第二，不断学习知识与技能的能力。

第三，体育教师的发展潜能。

第四，体育教育的创新意识与能力。

（二）体育教师基本教学能力的评价

体育教师必须要具备出色的教学能力，这是非常重要的，这会对学生学习成果和教学效果产生直接的影响。总体而言，体育教师应具备以下几个方面的教学能力：

1. 讲解示范能力的评价

体育教师的讲解示范能力会对学生的学习产生非常重要的影响。因此要引起高度重视。另外，教师的教学技能与学生学习成绩的提高有着直接相关的关系。在体育教师的评价中，不仅要重视教学技能的评价，还要注重职业技能的评价。体育教师的讲解与示范要做到以下几点：

（1）能否清晰、简洁地传达各种教学信息。

（2）能否做出正确、完美的示范动作。

（3）语言的运用是否富有趣味性。

2. 教法与组织能力的评价

教学组织能力也是体育教师需要具备的一项能力素质，在评价体育教师这一方面的能力时，主要从以下方面进行：

(1)教法评价

①选择的教法是否符合教材的规定。

②选择的教法是否符合学生的身心规律与特点。

③选择的教法是否与教学环境相符合。

④选择的教法是否有利于教学活动的开展。

(2)组织能力评价

体育教师教学组织能力的评价可以从以下几个方面进行:

①教材内容的组织是否符合教学规律。

②教学组织形式之间的匹配是否合理和有效。

③教学媒体的利用是否合理,是否与教学内容相符。

④体育课堂教学结构是否合理,是否有利于学生的学习。

(三)体育教师课堂教学活动的评价

一般来说,体育课堂教学过程主要由准备阶段、基本阶段和结束阶段三个部分组成。对这一教学活动的评价也是尤为必要的。

1. 准备阶段的评价

体育教学的准备阶段以导入学习状态,说明教学目的,创设学习情境、氛围,引起学生兴趣等目的为主。我们可以从以下几个方面展开具体的评价活动:

(1)队伍集合能否激发学生学习体育的兴趣。

(2)是否安排合适的热身活动。

(3)是否达到了“寓导为乐”的教学要求。

2. 基本阶段的评价

体育课堂教学的基本阶段主要以学习新知识、复习旧知识为主要任务。我们可以从以下几个方面展开具体的评价活动:

(1)教学场地器材的安排是否合理。

(2)教材的安排是否与教学顺序相符。

（3）教学活动中教师是否运用了多样化的教学手段与方法。

（4）教师组织的教学活动能否促进学生体质、技能、品德的共同发展。

3. 结束阶段的评价

体育课堂教学的结束阶段以学生身心恢复到课前状态为主要任务，主要包括放松活动、小结、布置课外作业、归置器材等内容。

具体而言，这一阶段的教学评价应包括以下内容：

（1）放松活动的组织安排是否合理，并形成一种习惯。

（2）“以学生为本”的教学思想是否在课堂中得到了体现。

（3）学生是否养成课后收拾运动器材的习惯。

二、学生学习评价

（一）学生在体育教学中的地位与表现

1. 学生在体育教学中的地位

（1）学生是体育学习的主体

在素质教育背景下，师生都是体育教学活动的重要主体，其中教师是体育教学中起主导作用的主体，其主要职责在于“教”，而学生则主要为了“学”，因此，在体育学习中，学生是最为重要的主体，一切教学活动都要围绕学生进行。

（2）学生是体育教师的合作者

体育教学中的很多项目都是集体项目，需要师生间的配合才能完成。因此，只靠教师的教是无法达到教学目的的，需要师生间的密切配合。因此说学生是体育教师的合作者，促进二者之间的互动与交流对于体育教学质量的提升具有重要的意义。

（3）学生是体育文化的继承者和创造者

在具体的体育教学过程中，学生需要不断汲取体育相关知识，比如体育文化知识，对体育的理解和感悟也不断更新升华，形成创新性的体育文化。

2. 学生主体性在体育教学中的体现

一般来说，学生的主体地位从以下几个方面能得到很好的体现：

（1）对教育影响的选择性

需要注意的是，教师的教育影响，并不能让学生全盘接受，只有那些与学生自身的特点和需求相符的教育影响，才能为学生所接受。学生有根据主体意识，积极地或消极地进行选择的权利。

（2）学习的独立性

受学生个体因素的影响，不同的学生在学习起点、学习的目标与追求、制约学习的个性心理特征等方面存在着一定的差异。因此，在体育教学中教师要严格遵循因材施教的基本原则，促进每一名学生的发展。

（3）学习的主动性

学生学习活动的主动性、自觉性是学生学习主体性的本质体现，体育教师的教学活动要建立在学生对体育学习的自觉的、主动的、自我追求的基础上。

（4）学习的创造性

学生在体育教学任务的方式、方法、思路以及对问题的认识等方面的完成与实现，与教师所教的内容或方法并不是存在着完全的关系的，其中，也能将学生的一些创新性和创造性体现出来。因此，体育教师要在认同这种创造性的同时给予学生必要的鼓励，鼓励学生积极创新，提高自己的创新意识与能力，这能极大地促进学生的全面发展。

3. 学生主体性发挥需要具备的条件

学生在学习过程中主体性的发挥要具备以下条件：

（1）教师的教授目标与学生的学习目标相协调

在课堂之中，体育教师首先要明确“为什么教”，要充分理解社会对体育教育的要求和期待，让学生最终能够获得理解能力、学习能力、领悟能力等。但是这些并不是全部，还要求体育教师将教授的目标转化成学生学习的目标，这样才能便于学生学习。

（2）教师和学生共同拥有体育教材

体育教材是师生参与教学活动的重要载体，因此体育教材的建设非常重要。要使学生在学习过程中始终对所学内容的文化体系和技能体系有个概观，同时对本教材目标与总目标的关系、本教材的科学教程、本教材的重点、本教材的难点以及本教材与自己身心发展之间的联系等有充分的了解。

（3）教学情境应该自由民主

创设一个良好的教学情境对于教学质量的提高具有重要的作用。作为一名合格的体育教师，必须要做好这方面的工作，以此来对学生大胆的好奇和探索进行激发，诱发学生产生和提出各种各样的问题。民主性能够从尊重学生的人格，理解他们的学习基础和原谅他们在学习中的缺点和错误等方面得以体现。

（4）教师对学生的学习方法要足够重视

在具体的体育教学中，要充分发挥学生的主体性，就必须让学生在“学习方法”上具有自主性和主动性。当前，体育教师的一个重要任务就是积极转变学生的学习方式，使学生的被动学习转变为主动学习，这样才能有效地提高学生的学习效率。

（二）学生学习评价的内容与方法

1. 体能评价

体能评价是指以体能为指标进行的评价，体能是学生参加运动锻炼以及其他一切活动的重要基础。体能评价的主要内容包括肌肉力量与耐力、柔韧性、心肺功能等几项体能素质的评价。

在评价学生的体能素质时，选取的评价指标及方法也不同，如分别用引体向上、仰卧起坐来测试男生和女生的肌肉力量，用1 000米跑、800米跑分别测试男生与女生的心肺耐力，用体前屈、坐位体前屈测试学生的柔韧性。

2. 健康行为评价

健康行为评价的内容非常多，其中身体健康、心理健康和社会适应健康等是最为重要的几个方面。营养、生活方式、环境、体育锻炼情况等是影响学生身心健康的主要因素。在体育教学中，应在学生掌握各项运动技能的同时开展健康专题教育，为学生提供良好的健康保障。

在评价学生的健康行为时，我们从以下几个方面进行：

（1）是否注意个人的卫生。

（2）能否维护好公共卫生。

（3）是否有不良生活习惯。

（4）能否自觉遵守作息制度。

（5）运动锻炼的安全是否有保障。

3. 学习态度评价

学习态度评价也是学生学习评价的重要内容之一。学生学习态度的评价主要是看学生是否具有强烈的学习欲望，是否具有高涨的学习热情，是否具有较强的专注性，是否具有主动学习的意识和习惯等。这些都是学生自信心的深刻表现、良好情绪和意志力的表现以及合作交流的表现等。

4. 知识与技能的评价

（1）知识评价

通常情况下，学生体育知识学习的评价主要包括人体科学知识、体育理论知识、社会学与美学知识、心理学知识和知识认知评价等方面的内容，具体的评价内容见表 8–1。

表 8-1　学生体育知识学习的评价

知识类型	评价内容
人体科学知识评价	（1）人体生理各项变化的基本规律；（2）运动卫生与自我保健；（3）运动适应性与运动处方；（4）体育锻炼对人体的各种影响
体育理论知识评价	（1）能否了解和熟悉世界体育史；（2）能否具备良好的理论知识与运动技能；（3）能否具备一定的体育比赛欣赏能力
社会学与美学知识评价	（1）能否了解体育对人成长的影响；（2）能否了解体育的社会价值与魅力等
心理学知识评价	（1）能够了解体育对心理健康产生的影响；（2）能否了解和掌握心理障碍的调节方法
知识认知评价	能否理解知识对未来生活的重要意义

（2）运动技能评价

运动技能也是学生学习评价的重要内容，这一内容是必不可少的。关于学生运动技能的评价主要是看其掌握运动技能的质量如何。通过运动技能的评价能有效激发学生学习的积极性，促进学生的全面发展。

5. 情意表现与合作交往的评价

（1）情意表现评价

情意表现评价的主要目的在于帮助学生养成积极向上，乐学与好学的好习惯。这一评价内容除了评价学生的学习态度外，还要评价学生克服困难的能力。

（2）合作交往评价

体育教学离不开师生、生生间的互动与交流，因此合作交往评价也是一项重要的评价内容。对学生进行合作交往评价的主要目的在于让学生正确处理竞争与合作之间的关系，帮助学生解决困难，走出困境，培养学生积极的社会责任感，这样学生在毕业后能迅速适应社会，提高自己适应社会的能力。这对于学生的未来发展及我国社会主义现代化建设都具有重要的意义。

第四节　素质教育背景下高校体育教学评价的发展与探索

一、素质教育背景下高校体育教学评价应遵循的原则

在素质教育背景下，体育教师除了要合理地运用教学评价手段进行评价外，还需要掌握一定的原则，这样才能保证评价的科学性。

（一）全面性原则

在体育教学评价中，无论是体育教师还是学生都要做到全方位、多角度的评价，如此才能得出相对真实和客观的评价结果。体育教学系统非常复杂，系统包含诸多要素，主要表现为一个由多因素组成的综合体。鉴于此，就要求体育教师的教学评价和学生的学习评价要从多角度进行，不能忽视了任何一方面。除此之外，在具体的体育教学评价中，还要把握评价的主次，抓住主要矛盾和重点；与此同时，还要采用合理的教学评价方式，将各种教学评价方式综合起来利用，如此才能获得理想的评价效果。

（二）科学性原则

体育教学评价的科学性原则要求评价者以客观规律为主要依据，确定一个合理的评价标准，从而得出良好的评价结果。要想保证体育教学评价的科学性，需要注意以下几个方面的要求：

（1）教学评价要以体育教学目标为依据，制定一个统一合理的评价标准。

（2）选择合适的评价工具，并进行测试和应用。

（3）选择科学、合理的统计方法与测量手段，正确处理各种评价资料和数据，以确保评价结果的准确性。

（三）指导性原则

体育教学评价还要具有一定的指导性，指导性原则是指将评价和指导有机结合，帮助评价者客观对待自己，从而展开有针对性的评价活动。

在体育教学评价过程中，贯彻指导性原则需要注意以下几个方面的要求：

（1）评价者要尽可能地收集大量的评价资料，然后进行细致的研究与分析，确保资料收集来源的可靠性。

（2）评价者在教学评价中要做到及时反馈。

（3）评价者的评价要有一定的启发性，留有一定的余地和空间，便于今后进行调整。

二、素质教育背景下高校体育教学评价的发展对策

在素质教育改革与发展背景下，高校体育教学评价也需要进行一定的改革，以顺应现代教育的要求和趋势。在建设高校体育教学评价体系的过程中，我们可以采取以下几个策略：

（一）综合运用过程评价与结果评价

受传统教育的影响，以往体育教学评价只注重对学生学习结果的评价，关注的重点也只限于学生各项运动的最终成绩，从而使对学生学习过程的评价被忽略。这种评价方式难以发现学生的学习问题，不利于教学信息的及时反馈。

在素质教育发展的今天，体育教学改革不仅要调整评价内容，而且还要在平时的评价中直接评价学生的“练习过程”。具体而言，过程性评价是在体育学习过程中完成的、建构学习者学习活动价值的过程，对学习者的体育学习过程有着良好的促进作用。

（二）努力改进教学评价体制，丰富与完善教学评价内容

在体育教学中，教师是体育教学活动的主导者，为学生的各项活动提供必要的指导。体育教师需要对学生的身体素质基础、运动能力状况等进行充分的了解，以学生的学习、锻炼表现为主要依据进行多种针对性的评价活动，从而将学生的积极性充分调动起来，使课的目标尽快得以实现。随着“水平目标”的设立，教师每个阶段的教学任务都会发生一定的变化，鉴于此，教学的内容选择，方式、方法的应用等方面也都会相应地有着一定的多样化发展。因此，必须设立多个方面的评价内容，以保证评价的科学性和合理性。

（三）构建一个多样化的评价标准体系

在具体的体育教学中，往往会出现这样的情况，一部分学生的先天条件比较好，不用积极进行锻炼，就能够在体育测试中取得理想的成绩。这会对一些先天条件较差而积极进行体育锻炼的学生造成一定的影响。因此，一定要改变以往以单一的锻炼为评价标准的情况，这是非常重要且必要的。在确定体育课的成绩时，应该进行综合的考虑，仅仅以锻炼标准为唯一的评价标准是不科学的，正确的做法是根据课程改革评价精神，对新颁布的学生体质健康标准进行充分的运用。这不仅能够作为测量学生体质强弱的一个标准，而且还能够作为学生进步度的一个参照。因此，构建一个多样化的评价标准体系是尤为必要的。

第九章　素质教育视角下高校体育教学管理的发展与探索

在素质教育改革与发展的背景下，高校体育教育也进入了一个新的阶段，体育教学中的各项要素都需要进行一定的变革与调整，以适应素质教育发展的要求。为促进体育教学质量的提高，实现既定的体育教学目标，必须要在平时的教学中加强组织与管理。体育教学工作者也要不断提升自身的教学管理水平，从而保证体育教学活动顺利地开展。本章重点阐述素质教育视角下，我国高校体育教学管理如何发展。

第一节　体育教学管理的理论体系

一、体育教学管理的概念

体育教学管理的工作非常复杂，它是具有一定的管理权力的组织和个人对体育教学的人、财、物、信息和时间等方面进行的综合性的管理。这一工作内容主要包括控制、监督、组织、协调、计划等各个方面，每一个方面都非常重要，不能忽视。

体育教学管理是一个大的系统，其各个子系统与体育管理总目标保持着一定的一致性。在体育教学管理过程中，各个系统之间是相互影响、相互制约的关系，共同促进了体育教学管理总体目标的实现。

体育教学管理活动具有一定的周期性，一般情况下，可以分为以下三个阶段：

第一阶段：计划阶段。这一阶段标志着体育教学管理活动的开始。其工作内容主要包括分析和预测教学管理中的问题，确定体育教学管理的目标，采取相应的决策等。

第二阶段：实施阶段。这一阶段是体育教学管理活动的中心环节，这一阶段的重要工作包括教学管理的组织、指导、协调、检查和监督。

第三阶段：最终阶段。这一阶段标志着体育教学管理活动的结束。其主要工作内容主要包括对体育教学管理开展对比、总结和评价等。以上三个管理阶段构成了体育教学管理的管理周期，每一个周期对于高校体育教学管理活动的开展都具有重要的意义，不能忽略了任何一个阶段的工作。

二、体育教学管理的特点与内容

（一）体育教学管理的特点

1. 教育性特点

伴随着素质教育的改革与发展，体育教学在学校教育中的地位也日益凸显。体育教学对于学生体质健康水平的改善和学生素质的提高均具有重要的作用。因此，与之相应的体育教学管理也呈现出一定的教育性特点。在具体的教学管理中，教学工作者应坚持“以人为本”的基本原则，促进学生各项素质的共同发展。

体育教学管理离不开一定的教育性。我国体育教育教学的总体目标是“以人为本”。因此，体育教学管理也应突出“育人”的特点，在育人的基础上去调动管理者的积极性和主动性，从而为教学效益的提高创造良好的条件。

2. 阶段性特点

在体育教学中,学生的年龄、个性以及各教学阶段的特征等都会给体育教学的管理带来一定的影响。在管理过程中,应根据不同的教学阶段来开展相应的阶段性体育教学管理工作。因此,现代体育教学管理,阶段性是其鲜明的特点。需要注意的是,虽然体育教学管理具有一定的阶段性特点,但是各阶段之间也呈现出连续性的特征,因此体育教学管理中的各项工作也要按部就班地进行,不能急于求成。

3. 方向性特点

方向性也是体育教学管理的一个重要特点。体育教学管理的方向性主要体现在,我们应以科学的理论作为正确的指导思想,并且贯穿于管理过程的始终。具体而言,就是要在体育教学管理过程中, 全面贯彻和执行党的教育方针,为实现学校教育的总目标服务。只有保证正确的方向性,体育教学管理工作才能顺利地开展。

(二)体育教学管理的内容

1. 教学目的与任务管理

在体育教学管理中,教学目的与教学任务管理属于一项重要的内容。这一项管理的主要目的在于进一步明确教学目的与任务,以期围绕目的与任务来展开教学,尽快完成教学任务,实现教学目标。只有先将教学目的与任务确定下来,体育教师才能明确教学方向,有针对性地开展教学活动,保证体育教学活动的顺利开展。

2. 教学容量及难度管理

在具体的体育教学中,体育教师还要依据具体的教学实际确定合适的课堂容量与难度，这样有利于体育教学活动的顺利开展。目前来看，有些体育实践课虽然容量小，但存在一定的难度，超出学生的身心承受能力，而且安排男生与女生一起上体育课，没有考虑他们的身心发展差异。另外，还有一些体育实践课虽然容量大，但缺乏必要的难度，表面看起来课堂氛围很好，学生参与的积极性也很大，但简单又机械的内容不足以提高学生的体育技能水平。由此可见，如果体育教学容量与难度安排得不合理就会影响到体育教学活动的顺利开展，不利于取得理想的教学效果。

3. 教学时间管理

一堂体育实践课，主要包括三个部分，即准备部分、核心部分和整理部分，这三个部分缺一不可，体育教师一定要结合教学实际合理安排。如果安排得当就能增强体育课堂教学时效性，保持体育课堂教学良好的节奏感，使学生一步步掌握重点内容。

在具体的体育教学中，体育教师一定要控制好教学的时间，在有限的时间里合理安排教学内容。可以说，加强对体育课堂时间分配与安排的管理体现了有效教学的观念，能够将有限的课堂时间充分利用起来，极大地提高了教学效率，有利于尽快完成教学任务，实现教学目标。

4. 教学方法与手段管理

在体育教学中，良好的教学手段与方法会对体育教学质量产生重要的影响。通过合理的教学手段与方法的运用通常更容易获得理想的教学效果。由此可见，体育教学方法与手段的管理也是体育教学管理中的重要内容。

在具体的体育教学管理中，体育教师要深刻体会到“教学有法、教无定法、重在得法、贵在活用”的含义，并能积极探索与学习新的教学方法，加强对传统教学方法的改革与创新。为了强化体育教学方法与手段的管理，探索更多先进有效的体育教学方法与手段，学校应开展各种类型的研讨会，加强体育教师及科研工作者的沟通与交流，力争创新出先进的教学手段与方法。

5. 教学效果管理

教学效果管理也是体育教学管理系统中的重要内容，理应引起重视。体育课的教学效果最直观地反映在学生的考试成绩中，尤其是技能考核成绩中。在体育课堂教学中，教师的教学活动与学生的学习活动都是为实现教学目标和提高教学效果而服务的，因此，体育教师必须在教学内容安排、教学方法选用、教学模式构建、教学评价实施中不断改进与优化，要从学生的身心特点及实际需求出发组织教学活动，这样才能促进学生的全面发展。

以上就是体育教学管理的主要内容，体育教学管理属于一个庞大的系统，系统内这些要素的管理都非常重要，直接影响到体育教学活动的顺利开展，因此一定要引起高度重视。

三、体育教学管理机构的设置

（一）体育教学部

在体育教学各个管理机构中，体育教学部是一个非常重要的部门。这一部门的主要职责在于承担学校专门的体育管理工作，由分管体育工作的校领导直接领导。体育教学部不仅是专门从事体育工作的管理部门，同时也是体育运动委员会的参谋部和落实体育运动委员会年度工作计划的执行部门。因此，体育教学部的建设与管理非常重要，一定要引起重视。

1. 体育教学部领导班子

构建一个合理的体育教学部领导班子非常重要，在工作的过程中，要注重领导班子内部人员的性别、年龄、知识结构等方面，进行合理的搭配。高水平的体育教学部领导班子要求主要负责人德高望重，其他成员各负其责、鼎力相助，同心协力，朝着共同的目标而努力。

体育教学部领导班子的主要职责应包括以下几个方面的内容：

（1）提出学校体育工作的总目标，制定相关的工作计划。

（2）加强对体育教师和体育教研室的领导，并做好监督工作。

（3）体育教师的选聘、配备工作。

（4）提高体育教师的业务水平和综合素质。

（5）提供必要的物质保障。

教导处或体育卫生处的主要职责是在校长的授权下，管理全学校的体育工作，安排学校的体育教学和课外体育活动的时间表；研究体育教学改革的各项措施，并安排体育教师的培训，提高其业务水平；组织学生的体质测定，确保体育教学活动顺利开展。

具体而言，体育教学部领导班子的主要组成人员有：主任 1 人，党支部书记 1 人，副主任根据需要配备，施行主任负责制，第一责任人是教学部主任。

体育教学部主任应具备的基本素质：学习掌握各级文件精神，政策观念强；坚定不移地执行上级指示；调整改革思路，完善工作方法；善于集思广益，具体情况具体分析；能保持继续学习的习惯，随时掌握新的知识和技术，提高宏观指导的能力；具有良好的人际交往能力，妥善处理各方面人员之间的关系，保证体育教学工作顺利地进行。

2. 体育教学部的职责划分

一般来说，体育教学部的业务范围主要涉及课堂教学、群体活动、训练竞赛、体育场地器材管理与体育科研等几个方面。体育教学部的工作人员一定要明确自己的职责划分，认真细致地做好自己的本职工作。

（1）课堂教学

课堂教学的组织是体育教学部的重要职责。在课堂教学中，集中教学是常采用的教学形式，通过这种形式的教学，学生的身体教育更加科学系统,学生也能够掌握几项体育锻炼手段,总之通过课堂教学,可提高学生身心素质,激发其参与体育的兴趣。

(2)训练竞赛

在体育教学管理中,训练竞赛的管理是重要的内容。这一训练竞赛是专门为具有体育特长的学生而设的。学生在训练竞赛中取得优异成绩,可以为学校获得良好的知名度,并以此激励普通学生参加体育锻炼,最终达到全体学生健身的目的。

(3)群体活动

群体活动管理也是体育教学部的重要职责。群体活动的管理主要包括早操、课间操和课外体育活动等内容。对于学生而言,长期思考问题,很容易造成大脑疲劳,通过群体活动的合理分布以及脑力与体力活动的交叉搭配,这种疲劳就会得到有效缓解。学生通过参与群体活动,不仅能缓解压力,还能有效地促进身心的全面发展。

(4)体育场地器材管理

加强对体育场馆、器材等的管理,是保证体育管理工作顺利完成的重要手段。在学校各部门中,体育运动场馆占地面积最大,体育运动器材名目繁多,管理难度大;体育场地和器材涉及学生能否在进行体育锻炼时保证卫生和安全;体育场地器材后勤保障时效性强,这些都是体育场地器材管理的主要特点。因此,加强体育场地器材的管理是学校体育管理工作的重要内容。

(5)体育科研

对于体育教师而言,体育科研是提升知识层次和完善知识结构的重要方法和途径,同时也是学校体育工作可持续发展的良性循环链中不可或缺的重要一环。书写体育科学论文、完成体育科研课题、编纂体育教材和撰写专著等是体育科研的主要表现形式。通过利用多学科知识对体育活动和运动规律进行深入的研究探讨,学校体育教学可以更加合理和完善,从而实现各方面的和谐发展。

3. 体育教学部与相关领导和部门的关系

无论从哪一方面来看，体育教学部与不同的机构和部门之间都存在着密切的联系。从纵向看，体育教学部上有学校分管领导，下有体育教师，其实它们之间更多的是相互协调，互相支持。从横向看，有很多同一级的中层机构，有的部门是体育教学部的业务领导，有的部门需要体育教学部的业务指导。

作为体育教学部的工作人员，要合理地处理好教学管理部门内部各方面的关系，需要注意以下几点：

（1）主动接受教务部门的指导

体育教学部应主动接受教务部门的指导，对于教务部门的文件和指示要遵照执行，并以本单位的具体情况为根据，拿出切实可行的执行方案，确保顺利地完成教学任务。

（2）经常向主管领导请示汇报

体育教学部对于体育管理工作的每次外出开会、考察、调研和竞赛活动等，都应该写出书面报告向主管领导进行汇报。在对上级文件进行执行前，应对文件精神实质进行认真研究，对应对方案和措施进行拟定，写出书面请示向领导汇报，由领导来定夺。对于主管领导的工作指示，应坚定不移地执行，确保各项工作顺利地开展。

（3）主动寻求学生工作处的协助

体育教学部的工作人员还应主动寻求学生工作处的协作，增强彼此之间的关系。由于学生工作处是学校负责学生工作的职能部门，开展学生群体活动，主要是与学生打交道，因此，在很多情况下，体育教学部开展的学生体育活动离不开学生工作处的协助。

（4）加强体育教学部与后勤的工作联系

体育教学部门各项工作的顺利开展离不开后勤部门的大力支持，因此加强与后勤部门的联系也是非常重要的。对于学校而言，经常保持与外校的竞技交流是学校体育活动的一个重要特点，竞技交流的进行离不开学校后勤部门的大力支持，学校各项体育工作能否顺利进行受到了学校后勤保障工作的好坏以及体育教学部与后勤工作关系优劣的直接影响。体育教学部应注意与后勤服务部门建立与保持良好的工作关系,从而保证体育教学管理活动的顺利进行。

(5)与校医院保持经常的联系

学校医务部门掌握着全校学生的身体健康信息,因此体育教学部也要与其保持良好的联系。与校医务部门保持联系有助于随时掌握学生的身体健康状况,并保证体育教学的有的放矢。对于生病的学生而言,有些需要适当的体育锻炼才能康复,而有些则需要进行适当的休息和治疗才能痊愈,这就需要体育教师和校医针对学生的具体情况仔细分析,给患病学生提供及时的指导,为学生的发展提供良好的保障。

(二)学生体育部

学生体育部也是一个重要的体育教学管理机构,学生体育部的建立能为体育教学管理活动的顺利进行提供良好的保障。学生体育部的工作应该接受学生工作处、学生会的领导,由体育教学部进行指导。对于学生体育部来说,协助体育教学部完成学校各项体育工作,在体育教学部的指导下,开展多种多样的课外活动,丰富学生的精神文化生活。

1.学生体育部成员的结构

学生体育部成员的结构并不是固定不变的,可以说随着时间的推移,每一届的成员都是变化的。这是因为每年都需要换届而出现新一届学生体育部成员,在这样的情况下就需要考虑各种因素,如本校学生的特点和体育工作的延续性,学生工作处工作的需要,体育教学部工作的需求等。为了选出最佳的新一届学生体育部成员,学生工作处和体育教学部对于学生体育部的成员构成有必要进行充分的协商。新一届学生体育部的成员应符合以下要求:

（1）以老一届学生体育干部为主体：以老一届学生体育部为主，可以对新一届学生体育干部起到传、帮、带的作用。

（2）学生体育部以体育活动积极分子为主：学生体育部新老成员应该热爱体育运动，积极参加体育运动，并有一定的体育运动和组织能力。

（3）年龄呈阶梯状：新一届学生体育部成员的学生年级呈梯状，这是从可持续发展方面进行的考虑。

（4）性别搭配合理：新一届学生体育部成员中应对男女性别的搭配进行考虑，尤其是有些学校，女生多，性别搭配更应具有合理性，这样在体育活动中才能充分考虑女生的需要。

（5）项目搭配合理：校园体育活动丰富多彩，不能局限于某一两个运动项目，要各个项目进行合理的搭配。

2. 学生体育干部的工作

一般来说，学生体育干部下设为学生会体育部干部、院系学生会体育部干部、年级体育干事、班体育委员四个不同层次。其工作分工也不同，具体工作可分为四个部分：一是接受学校学生体育部指导并督促各院系落实每年的体育工作计划；二是协助体育教学部做好各项体育工作；三是积极开展学生感兴趣的体育活动；四是组织、管理好学生体育协会。

（1）指导、督促和协调各院系学生体育部的工作

学生体育干部的主要职责是协调各院系学生体育部各项工作的顺利开展。各院系学生体育部要当好本院系教师的助手，在校学生体育部的指导下，搞好本院系的各项体育活动，包括本院系自己组织的体育活动；参加学校组织的各项体育活动、与其他院系广泛开展的各种形式的体育交流活动。当各院系体育活动开展较多时，校学生会体育部应积极配合体育教学部，做好各方面的工作。

（2）协助体育教学部做好各项体育工作

对于学生会体育部而言，围绕学校体育课程教学，协助体育

教学部工作是其重要的工作内容。学生会体育部应与体育教学部积极配合,从而使学生会体育部成为体育教师最得力的助手。

(3)组织、管理好学生体育协会

组织与管理学生体育协会也是学生体育部门的重要工作内容。学生会体育部可以成立单项体育协会或俱乐部,充分利用学生的兴趣爱好开展丰富多彩的体育活动。学生体育协会是由体育教学部提供业务指导,提供场地和部分器材,学生自己管理自己的组织机构。学生体育协会长年坚持活动,平时可以通过该组织保持与外校经常性的体育交流;在学校需要组织该项竞赛活动时,可以该组织为主,让协会成员参与竞赛活动的全过程;如遇有对外大型竞赛活动,还可以单项体育协会成员为骨干选拔队员,组成校代表队参加比赛。以上就是学生体育部管理学生体育协会的重要工作内容。

(4)开展学生感兴趣的体育活动

学生体育部在开展工作时,应围绕学生感兴趣的体育项目,以使学校体育竞赛活动有限的不足得到弥补,通过各项体育活动的举办,不仅能为参与者提供良好的比赛体验,还提高了学生体育干部的自身能力,可谓一举多得。

(三)学生体育协会

学生体育协会也是一个重要的体育教学管理部门,这一部门能为广大的体育爱好者提供良好的展示自己的舞台,并通过该组织使体育技术与技能得到传授,使体育文化得到传播;通过体育爱好者的活动使他们周围的学生受到一定的影响,从而培养和提高广大学生的体育兴趣与爱好,激发他们主动参与体育锻炼的积极性,这对于其形成终身体育意识和习惯具有重要的作用。

1.学生体育协会的组织形式

一般来说,学生体育协会主要由若干个单项体育协会组成,可以设学生体育协会总会,由学生会体育部行使总会的职能管理各个单项协会。在总会中可以设会长1名，副会长多名，下设活动部、宣传部、外联部、培训部，协调各单项协会的工作。成立单项体育协会，一般是在学生中有群众基础、学生喜欢的项目成立，不是所有的项目都成立协会，而是成熟一个，发展一个，办好一个。对于协会来说，必须要制定一定的章程，从而保证体育协会各项活动的顺利进行。学生参加协会不是强制的，可以根据自己的意愿自由参加协会活动。

2. 学生体育协会的活动形式

学生体育协会的活动形式主要有以下两种：一种是以自己组织活动为主，自己组织培训、练习与比赛；另一种是，组织对外友谊比赛，参与组织校内的各种体育竞赛活动。

3. 学生体育协会的优势所在

（1）填补业余训练的空白

对于学校而言，学校所开设的体育项目都成立校代表队是不可能实现的。就这个问题，可用单项体育协会代替，使之成为学校体育代表队的后备军，这样既为广大的体育爱好者提供了发挥自己特长的舞台，也是对业余训练空白的填补。

（2）起到桥梁沟通作用

学生体育协会能在体育管理部门与学生之间起到良好的沟通作用。学校体育管理部门可以通过该组织了解学生的体育动态，掌握学生体育爱好者的基本情况，为学校体育工作的决策提供了一个新的信息渠道。学生体育协会还可以成为本校与外校学生中体育爱好者交流的一座桥梁，促使他们获得共同进步与发展。

（3）少花钱，多办事

一般情况下，学校在学生体育协会的投入较少，通常只有指导教师的指导费和必要的场地器材支持，不需要学校发放额外的补助。单项协会内部的活动开支在会员交的会费中计划支出，账目公开，单项体育协会参加学校的体育活动经费，在学校体育活动预算中开支。这就要求学生体育协会充分发挥其优势,多办事,少花钱,为学生节约体育活动方面的支出。

(4)提高学生的积极性

在体育教学管理系统中,学生体育协会属于群众性的体育组织,因此有广泛的群众基础,学生自愿参加,自己管理,可最大限度地提高学生的学习兴趣,促进教学质量的提高。

4. 体育教学部与学生体育协会的互动

体育教学部与学生体育协会是上下级的领导关系,二者具有密切的联系。体育教学部要为学生各项体育协会配备指导教师,学生体育协会也要经常将学生的需求向体育教学部汇报,及时寻求体育教师的指导。体育教学部可以通过选项课课堂教学、学生单项体育协会活动、学生体育协会内的体育特长生训练等形式对学生进行业务指导和训练,从而有效促进学生运动技能的提升。

第二节　掌握体育教学管理的基本原理

在体育教学管理的过程中,为保证管理活动的有效性,需要学习和掌握教学管理的一些基本原理,这些原理主要包括人本原理、系统原理、动态原理、效益原理等几个方面。

一、人本原理

人是推动事物发展的重要因素。因此,在体育教学管理中,要想实现理想的管理效益,就必须要以人为本,充分调动人的积极性,激发人们参加各项活动的兴趣和动力,这就是所谓的人本原理。简单来说,人本原理就是一切活动都要围绕着人进行,确保人在活动中的重要地位。

二、系统原理

体育教学管理系统之中包含着大量的要素，这些要素之间都发生着非常密切的联系，共同推动着教学管理活动的开展。系统可以说是各要素功能之和，这些要素按照一定的结构相互联系在一起，依据系统整体目标的要求进行各种组合与搭配，共同推动着系统的完善与发展。这就是系统运行的基本原理和机制。通过这一系统原理的运用，有助于实现体育教学管理的效益和目标。

依据系统原理，我们可以确定体育教学管理活动的基本原则，以此为指导，保证体育教学活动的顺利开展。具体来说，体育教师要遵循以下几个原则开展各种各样的体育教学活动：

（一）“整一分一合”原则

整—分—合原则是指将整体分解为若干部分，然后确定明确的分工，保证分工的合理性和规范性。在具体的教学管理活动中，负责每一项工作的人员都要有一定的责任心，努力做好自己的本职工作，确保教学活动的顺利开展。

（二）优化组合原则

体育教学这一系统内涵盖的要素非常多，体育教师要学习和掌握优化与组合这些要素的能力，保证系统中各要素能充分发挥自身的功能，从而实现预期的体育教学管理的效益。

（三）相对封闭原则

体育教学管理系统中主要有两方面的关系，一方面是系统中各要素之间的关系，另一方面是系统与外部其他系统之间的关系。要想实现理想的体育教学管理的效果，就要使系统内各种管理手段、方法等构成一个连续的封闭回路，构成一个闭环的系统。在体育教学管理中，我们可以充分利用相对封闭的基本原则，保证体育教学管理系统的顺利运转,实现良好的教学管理效益。

三、动态原理

体育教学管理属于一个非常庞大的系统,在这一系统之内主要包括人、财、物、时间、信息等各方面的要素,还涉及计划、组织、控制、协调等各个环节的内容,每一个环节也包括诸多要素,这些要素都是处于不断的发展和变化之中的,体育教学管理也要顺应这些变化,不断地调整与完善自身结构,促进体育教学活动的顺利开展。

体育教师在具体的工作之中一定要掌握基本的动态原理,在这一原理的指导下组织与开展教学活动。在具体的实践中,体育教师要下放一定的权利给学生,采取各种措施和手段激发学生学习的积极性,使其以饱满的精神状态投入教学活动之中,从而保证教学管理活动的顺利进行。除此之外,体育教师还要收集教学管理中的各种反馈信息,根据得到的反馈信息及时调整教学方案和计划,促进体育教学目标的实现。

四、效益原理

体育教学管理系统内的要素众多,每一个要素的发展都有可能对体育教学管理的效益产生影响。作为一名合格的体育教师,一定要管理好教学活动中的各个环节,以提高教学效益为中心,充分利用好教学中的人力、财力、物力、信息等各种资源,实现各种资源的优化与配置,这就是效益原理在体育教学管理中的应用。

为实现预期的管理效益,体育教师一定要严格遵循效益的原理开展教学活动。这是非常重要的。作为体育教学管理人员,要从不同的主体和不同的角度去检测和评估教学管理的效益,密切关注管理系统中各项要素,促进各个要素之间的发展,只有系统中各个要素发展了,整个系统才能得以发展。

第三节　建立科学的体育教学管理机制

在体育教学中，建立一个科学的教学管理机制是非常重要的。在素质教育发展的今天，构建科学的体育教学管理机制有利于体育教学活动的顺利开展。

一、体育教学管理机制的概念

为促进体育教学管理效益的提高，促进体育教学的进一步发展，必须要建立一个科学有效的管理机制，在这一管理机制下展开系统内的各项活动。

体育教学管理机制就是为保证体育教学活动的正常开展而设置的相关组织或机构，各组织为了同一个目标而形成的一个体系。通过体育教学管理机制的有效运转，体育人才能获得进一步发展，体育教学目标也能顺利地实现。

二、体育教学管理机制的构成

一个科学、合理的体育教学管理机制能为体育教学活动的开展提供良好的保障，这一管理机制主要包括以下两方面的内涵：

广义上来讲，体育教学管理机制是指学校内外体育教学过程中涉及的具体要素。其中，政府部门、各类企业、社区、家长等都是这些要素中的重要内容。在构建体育教学管理机制的过程中要充分考虑到以上要素。

狭义上来讲，体育教学管理机制是指学校内部体育教学过程中涉及的各个方面的要素。其中，学生、教师、教学管理人员等都是这些要素中的重要内容。受地域、经济、历史等各方面因素的影响，不同的学校在管理机构设置、管理层次等方面会存在一定的差异，这是很正常的。

在具体的体育教学实践中，体育教师一定要充分考虑各利益主体之间的关系，保证各利益主体获得不错的发展。在体育教学管理工作中，相关组织机构的设置、管理人员的配备、教学体系制度的制定等都要围绕体育教学目标进行，这样才能充分激发学生学习的积极性，从而提高学习效率，促进体育教学的发展。

在体育教学管理活动中，体育教学管理机制会受到各方面因素的影响 ，在素质教育发展的背景下，体育教育与社会需求之间的关系日益紧密，体育教育的发展在一定程度上依赖于社会环境，因此学校体育教学活动必须要密切联系社会，以社会人才需求为指导，培养适应社会发展的高素质人才。这是素质教育的基本要求，也是我国学校体育教育的重要目标和任务。

三、建立科学的体育教学管理机制

构建一个科学的体育教学管理机制非常重要，在具体的操作过程中，要以充分调动学生学习的积极性为前提，设置一个健全、合理的体育教学组织机构，这样才能保证体育教学活动的顺利开展。

总的来说，建立科学的体育教学管理机制应从激励机制、保障机制和风险处理机制三个方面进行。

（一）建立有效的激励机制

1. 激励的依据

激励属于一种能有效激发教学主体参与活动积极性的教育方式，这一方式会对人的主观意识与行为产生重要的影响。在体育教学中如果利用得当，通常能获得不错的教学效益。一般情况下，体育教学管理激励机制的建立需要考虑三个方面，即教师、学生和管理者。在建立激励机制前，教学管理人员要事先做好充分的调查，充分了解教学主体的特点及个性，然后采取有针对性的措施与手段充分调动教师、学生和管理者的积极性，激发他们的学习与工作热情，在这样的环境和氛围下，激励机制才能发挥其最大的功用。

2. 激励的方式

在体育教学管理机制中，激励的方式非常多样，其中物质激励与精神激励是最为常用的两种，体育教师可以在具体的教学管理中充分运用这两种激励方式。

（1）物质激励。物质激励主要是采用奖金、奖品、职位晋升以及工资提高等这些形式来提高“福利”，这一方式可以说是非常有效的，在体育教学中，这一激励机制对体育教学主体会起到一定的促进作用。

（2）精神激励。与物质激励相对的是精神激励，精神激励不会给予人一定的物质奖励，而是主要借助于授予体育教师某种荣誉称号等来提高教师的工作积极性。如果利用得当，这一激励方式同样也能获得非常不错的效果。在体育教学评价活动中，作为体育教学管理部门的工作者一定要想方设法地对体育教师的工作作出积极与肯定的评价，这样才能充分满足教师的自尊心，提升教学的自信心。由此可见，这一激励方式也是值得提倡和推广的。

3. 激励的注意事项

物质激励与精神激励这两种激励方式都不是万能的，都有一定的优缺点，因此在具体的操作过程中，可以结合起来使用，这样才有利于实现理想的激励效果，但不论采取哪一种激励方式，都需要注意以下几点：

（1）激励机制要公平透明

体育教学管理的工作人员在采用激励机制时，一定要把握公平透明的基本原则，这样才能保证激励效果的充分发挥。对于学校教育部门而言，要综合各方面的要素制定一个公平合理的激励制度，在这样的制度之下，所有人都是公平的，有利于规范教学主体的各种行为,激发大家相互竞争的意识。在这样的环境和氛围下,体育教学管理活动才能有序地进行。

(2)不同激励方式的结合使用

为提高激励的作用和效果,体育教育管理人员还要善于利用不同的激励方式。如奖金福利属于物质激励的一种重要方式,这一激励方式得到了广泛的利用,但这一种激励方式并不是万能的。人与动物的区别在于,人不仅要满足自身的物质需要,还要满足精神层面的需要,因此只有物质方面的激励还是不够的,还需要建立一套以人为本的激励机制,运用精神激励的方式来建立教学主体的自尊心,提升其教学的自信心。

因此,在具体的体育教学实践中,要善于将物质激励与精神激励结合起来使用,一般来说主要以精神激励为主、物质激励为辅。这样能获得理想的激励效果,从而保证体育教学活动的顺利开展。

(3)激励与日常考核结合使用

一个良好的激励机制能极大地促进体育教学的发展,但光有激励机制还是不健全的,需要将激励机制与日常考核结合起来使用。只有如此,才能激发教学主体的内在潜能,促进其学习效率和学习水平的提升。

4.科学激励机制的作用体现

大量的实践表明,建立一个科学的激励机制非常重要,其作用主要体现在以下几个方面:

第一,能促使教学主体积极主动地参加各种社会实践活动,从而提升自身的综合素质与能力。

第二,能帮助学生正确地认识自己,建立学习及参加各项活动的自信心。

第三,能有效提升体育教学工作人员的管理水平,确保各项管理活动的顺利开展。

（二）建立健全的保障机制

1. 建立保障机制的必要性

（1）如今大量的高科技产品在人类生活的各个领域都得到了充分的运用，这为学校体育教育的发展开拓了思路。学校体育教育也可以引进这些高科技手段，为学生参加体育教学活动提供良好的保障。

（2）据调查，目前我国大部分学校都存在着经费短缺的问题，在这样的情况下，学校就无法购买具有高科技含量的体育器材或设备，这在一定程度上影响了我国学校体育教育的发展。

（3）我国大部分学校都存在着资金短缺的问题，而在有限的资金方面，还存在分配不均的问题。受学校升学及就业压力的影响，大部分教学资金都运用到文化课教学方面，体育教学获得的资金投入非常少，这就难以满足学生的体育学习需求。

综上所述，保障机制的建立对于学校体育教学管理的发展非常重要，我国政府部门及学校领导人一定要引起高度重视。

2. 保障机制的具体内容

为保证体育教学活动的顺利开展，构建一个科学的体育教学管理的保障机制是非常重要的，可以从以下两方面展开：

一方面，国家政府部门要构建一个科学、完善的法治体系，借助立法的手段来解决教育投入的问题。

另一方面，可以结合具体实际采取院系两级或一级管理的财务预算管理方式，满足一线教学的需要。要保障学生运动员的训练经费和实习经费。

（三）建立完善的风险处理机制

1. 建立风险处理机制的意义

与其他学科不同，体育是一门以身体运动为主的学科，大部分实践课都需要身体的参与才能完成。既然涉及身体方面的运动就必然存在着一定的风险性，因此构建一个完善的风险处理机制对于学生的身心健康发展是尤为必要的。在完善的风险处理机制的保障下，学生的安全能得到良好的保障，体育教学活动也会按部就班地进行。

2. 风险主体的构成

一般来说，体育教学活动中的风险主体主要包括两个部分：一部分是客观事物构成的安全；另一部分是教学主体导致的安全风险。每一种风险都是不同的，也都有对应的处理办法。

（1）在体育教学中，客观事物构成的安全风险主要是指因周边环境问题而导致的各种安全风险。这一种风险能够得到很好的控制。为杜绝这一风险，体育教师可以带领学生在上课前全面检查体育器材及设备，确保体育教学活动中不会发生风险事故。

（2）在体育教学中，因准备活动不足、技术动作不规范等因素，学生在参加体育活动的过程中可能会发生一定的安全风险，这属于教学主体导致的安全风险。如上体操课时，学生的倒立动作不规范，没有掌握正确的技术要领而致使颈部着地，导致颈部出现伤病，这就是人为主体构成的安全风险，这一安全风险也是可以得到有效避免的。

第四节　促进体育教学管理的发展与创新

在素质教育背景下，学校体育教育的各方面都发生了一定的变化，为顺应素质教育发展的趋势和要求，必须要加强体育教学管理的创新与发展，这样才能推动我国学校体育教育的进一步发展。促进体育教学管理的创新与发展，可以从以下方面进行：

一、建立科学完善的网络教学管理系统

在当今信息化发展的背景下，建立一个科学的网络教学管理系统对于体育教育质量的提高也是非常有利的。我们要依据事先制定的体育教学目标，制定出完善的体育教学大纲，在新生入学后每人发放一本体育《选课手册》；同时，还要将所有任课教师的简介、照片、专业特长和开设课程等信息通过各种形式展示出来，做好定期或者不定期的现场咨询活动，学生可以通过现场或者网站的形式来对体育课程的详细情况加以了解，从而了解相关的体育课程和教师情况。需要强调的是，体育成绩评定的程序化，教学内容为单元模块，在每一单元教学中由任课教师给出成绩，登入学生选课手册，最后通过教务处成绩管理系统进行成绩录入，从而保证成绩评定的公开和公正。在这一网络教学管理系统下，学生学习的积极性也能大大提高，从而促进了体育教学质量的提高。

二、建立一个弹性管理体制

学生正处于青春发育的时期，在这一阶段，他们通常倾向于参加一些融健身、休闲、娱乐为一体的运动项目。但是这些项目在学校中的发展受到一定的限制，而在社会上这些项目消费相对较高，因此学生的体育需求受到一定的遏制。

调查发现，对于大部分体育项目的收费，有一部分学生还是可以接受的，甚至还出现了收费项目人气更高的现象，由此可见，健康消费已经深深渗透到学生的思想中了。但需要注意的是，毕竟学生还没有收入，这就要求学校在开设的健身项目中，适当调整管理机制，可以在某些时段免费为学生开放或者采取更为优惠的方式，这样更能促进学生参加体育锻炼的积极性，从而促进体

育教学质量的提高。

三、成立学生体质健康测试中心

在新的时代背景下，在素质教育改革与发展的今天，我们要以新《纲要》和《标准》精神为主要依据，对学生的体质进行定期测评，但是，由于受到一些因素的制约，比如，学生专业相对分散、时间不好集中等，就需要建立专门的体质健康中心，经过实践证明，这一学生体质健康测试中心的建立是尤为必要的。

学生体质的测试一般在课余时间进行，这样能减小体育教师课堂教学的压力。健康中心的职责远不止这些，其还要负责全校学生的健身、健心咨询，做好运动处方的制定等工作。因此构建一个科学完善的体质健康测试中心是非常有必要的。

四、加大体育教学管理的创新力度

（一）加强教学管理理念的创新

在整个体育教学管理系统中，人是最为重要的因素。其中体育教师和学生是重要的主体，以此为突破口加强体育教学的管理非常重要。首先要端正教育管理的态度，遵循并贯彻“以学生为本”的基本理念，以此作为出发点和落脚点，始终保持教育管理创新的正确方向。为了让这种新型的教育理念，在学校体育教学管理中推广开来，要求自上而下地进行学习和培训，要立足于本校的实际情况和教学需要，践行“侧重个性培养，全员成才教育”的育人理念；结合各个专业的特点，主动探究和尝试新颖的教学理念，在“试点应用—全面推广—总结提升”的过程中，形成一个具有学校特色的体育教学管理模式，这对于体育教学质量的提高具有非常重要的意义。

（二）加强体育教学管理方法的创新

随着近年来我国高校的扩招，招生规模不断扩大，学生也越来越多，这就为高校体育教学的管理带来了一定的挑战。面对这样一种形势，为了适应素质教育发展的需要，创新体育教学管理方法就显得势在必行。对于学校中的管理者、教师等，都必须形成强烈的危机意识，增强学习能力，主动学习省内、全国其他学校在创新体育教学管理上做出的大胆尝试、获得的成功经验，然后取彼之长、为我所用，让体育教学管理再上新台阶、再创新辉煌。可以通过引进激励机制，采取“物质奖励 + 精神激励”相结合的模式，来激发体育教师创新体育教学管理模式与方法的积极性，只有教师的综合素质得到提高了，才有可能创新出符合素质教育发展要求的教学管理手段和方法，从而促进高校体育教学的发展。

（三）构建和谐融洽的师生关系

构建和谐融洽的师生关系对于高校体育教学质量的提高具有非常重要的意义。因此，在体育教学管理中，就需要将建立和谐的师生关系作为关注的重点之一。因为只有教师愿意倾听学生的诉求，管理才会更有针对性；只有学生愿意服从教师的指令，管理才容易取得更好的成效。

体育教师是体育教学活动的指导者，起着非常重要的主导作用，因此加强体育教师的培训和考察是尤为必要的。通过大量的培训，体育教师的综合能力能得到进一步的提升，从而更好地胜任岗位，同时还要对体育教师进行一定的考核，使其保持不断学习的工作状态。采取奖惩制度，对于表现优秀的管理人员，要予以晋级的机会，把管理者的工作能力与其薪资待遇和未来规划联系在一起，在内部形成良性竞争，促使管理人员不断进步。只有在这样的条件下，体育教师的教学管理水平才能得到有效的提升，才符合当今素质教育改革与发展的要求。

参考文献

[1] 陈金芳 . 素质教育基本理论研究 [M]. 北京：中国科学技术出版社，2011.

[2] 黄益苏 . 大学体育人文素质教程 [M]. 北京：高等教育出版社，2007.

[3] 袁莉萍 . 中国高校体育教育研究 [M]. 武汉：湖北科学技术出版社，2013.

[4] 贺善侃 . 教育创新与创新教育 [M]. 上海：华东大学出版社，2012.

[5] 张丽荣 . 体育教学的价值回归探索 [M]. 北京：中国纺织出版社，2017.

[6] 龚坚 . 现代体育教学论 [M]. 重庆：西南大学出版社，2009.

[7] 张志勇 . 体育教学论 [M]. 北京：科学出版社，2004.

[8] 李卫东 . 体育课程教学模式 [M]. 北京：高等教育出版社，2018.

[9] 赵琼，马健勋，叶晓阳 . 当代体育教学管理研究 [M]. 北京：中国纺织出版社，2017.

[10] 李启迪，邵伟德 . 体育教学基本理论研究 [M]. 北京：北京师范大学出版社，2014.

[11] 蔺新茂，毛振明 . 体育教学内容论 [M]. 北京：北京体育大学出版社，2014.

[12] 李林 . 体育课程内容资源开发的理论与实践 [M]. 重庆：西南师范大学出版社，2006.

[13] 张振华 . 体育教学理论与方法 [M]. 北京：北京师范大学出版社，2016.

[14] 董一凡，牟少华 . 高校体育教育研究 [M]. 昆明：云南大学出版社，2010.

[15] 李姗姗 . 现代教育思想在高校体育教学中的应用研究 [M]. 成都：四川大学出版社，2014.

[16] 甘海霞，陈玉敏，徐妍华 . 大学生体育教育 [M]. 北京：北京邮电大学出版社，2015.

[17] 王永盛，刘喜友，王超 . 大学体育教育教程 [M]. 天津：南开大学出版社，2014.

[18] 张松奎 . 体育教育学 [M]. 徐州：中国矿业大学出版社，2013.

[19] 李启旗 . 论高校体育教学中增加人文素质教育的必要性与方式 [J]. 内蒙古财经大学学报，2018，16（05）：115-117.

[20] 赵艳丽，刘晓娟 . 高校大学生人文素质教育的现状与对策 [J]. 金融理论与教学，2016（03）：114-115.

[21] 谭惠聚 . 高校人文素质教育的现状分析与思考 [J]. 吉林化工学院学报，2008，25（06）：41-43.

[22] 郭莹，杨迪 . 高校人文素质教育现状及对策分析 [J]. 山西青年，2020（18）：33-34.

[23] 赵美林，武端理 . 高校人文素质教育现状研究 [J]. 科技视界，2014（34）：81+79.

[24] 葛升平，都维刚 . 基于素质教育项目对大学生综合创新能力培养的探讨 [J]. 价值工程，2018（03）：292-293.

[25] 苏飞宇，李祖平 . 体育教育在素质教育中的地位分析 [J]. 文体用品与科技，2020（23）：164-165.

[26] 张立志，胡敏兰 . 对大学生素质教育问题的几点思考 [J]. 吉林师范大学学报，2011（05）：94-96.

[27] 郭通通，周万辉 . 论素质教育视域下武术教育的作用 [J]. 武术研究，2016（11）：75-77.

[28]王才船.素质教育理念在高校武术教学改革中的考量[J].当代体育科技,2016(04):28-29.

[29]张承天.浅析体育课程教学内容的发展趋势及对策[J].科技创业月刊,2011,24(17):107-108.

[30]黄丽秋.终身体育思想的形成及教学引领研究[D].湖南师范大学,2014.

[31]霍军.体育教学方法实施及创新研究[J].北京体育大学学报,2013,36(01):84-90.

[32]张建龙,王炜.体育教学方法优化组合的依据、原则与程序[J].新西部(下半月),2009(05):241+238.

[33]张细谦.有效体育教学模式的创建与实施[J].广州体育学院学报,2015,35(01):106-109.